mentor Lernhilfe

Englisch

9./10. Klasse

Grammatik 2:
Present und Past Tenses, Relativsätze, Hilfsverben, Partizipien

Dr. Vincent Docherty
Gerhard Schmidt

Mit ausführlichem Lösungsteil zum Heraustrennen

Extra: Lerntipps!

In Zusammenarbeit mit Langenscheidt

mentor
Eine Klasse besser.

Über die Autoren:

Dr. Vincent Docherty, Dozent an Universität und Volkshochschule, Lektor für Anglistik, Autor zahlreicher Lehr- und Wörterbücher

Gerhard Schmidt, Oberstudienrat am Gymnasium

Bearbeitung/Lektorat: Redaktion mentor

Lerntipps:
Alexander Geist, staatlicher Schulpsychologe an einem Gymnasium

Redaktion: Gabriele Jahn

Illustrationen: Pieter Kunstreich, Hamburg; Lerntipps: Henning Schöttke, Kiel

Layout: Barbara Slowik, München

Umwelthinweis: Gedruckt auf chlorfrei gebleichtem Papier.

Auflage:	9.	8.	7.	6.	letzte Zahlen
Jahr:	09	08	07	06	maßgeblich

Druck: Mercedes-Druck, Berlin
Printed in Germany
www.mentor.de

ISBN-13: 978-3-580-63551-0
ISBN-10: 3-580-63551-4

Inhalt

Benutzerhinweise

Der Text dieses Bandes entspricht der neuen Rechtschreibung.

Regel

Hier findest du besonders wichtige Hinweise; an diese solltest du dich auf jeden Fall halten!

!

Hier findest du Merksätze, Erklärungen, wichtige Vokabeln und Redewendungen.

Übung A1

Diese Übung kannst du direkt im Buch machen.

Übung B2

Diese Übung schreibst du am besten ins Heft.

TIPP

Hier geben wir dir ganz praktische Hinweise, die dir die Arbeit erleichtern.

Vorwort

Hello again!

Hier sind wir wieder mit neuen und wichtigen Kapiteln aus der englischen Grammatik, die du bis zum Ende der 10. Klasse beherrschen musst.

Vielleicht hast du schon mit dem ersten Teil gearbeitet oder kennst eine andere mentor Lernhilfe. Wenn nicht, dann solltest du wissen, worauf wir bei diesem Buch besonderen Wert gelegt haben.

Unser wichtigster Grundsatz war, ein Buch zu schreiben, mit dem du völlig selbstständig arbeiten kannst,

- um bestehende Lücken zu schließen,
- versäumten Stoff nachzuholen
- oder deine Kenntnisse ganz allgemein zu verbessern.

Wir haben die Grammatikkapitel in kleine Einheiten unterteilt und mithilfe von Regeln, Beispielen, Merksätzen und Wortlisten so aufbereitet, dass sie leicht zu verstehen sind.

In den anschließenden Übungen kannst du dann deine Kenntnisse festigen und in den Abschlusstests am Ende eines jeden Kapitels kannst du überprüfen, ob der Stoff wirklich „sitzt".

Viele Übungen kannst du im Buch selbst machen, für einige benötigst du ein eigenes Übungsheft. Am Ende des Buches findest du auch einen Lösungsteil, der dir zeigt, ob du die Übungen und Tests richtig beantwortet hast.

Wenn du dir einmal mit den grammatischen Begriffen nicht ganz sicher bist, kannst du sie im Anhang im kleinen „Lexikon" grammatischer Begriffe nachschlagen.

Es ist nicht notwendig, dass du das Buch von Anfang bis Ende durcharbeitest. Es ist so aufgebaut, dass du dich für die Kapitel entscheiden kannst, die dir besonders wichtig sind. Diese solltest du aber konsequent von der ersten bis zur letzten Seite durcharbeiten.

Auch in diesem Band haben wir für dich zur Erholung und Entspannung ein paar Rätsel und etliche Knobeleien eingestreut. Darum also jetzt:

Let's get going again!

Vincent Docherty
Gerhard Schmidt

People who buy this book get ...

Relativsätze

A

Als Einstieg in dieses Buch haben wir ein Thema gewählt, das dir bestimmt vertraut ist: die **Relativsätze** *(relative clauses)*. Du kannst in diesem Kapitel deine Kenntnisse auffrischen und vervollständigen.

Doch zunächst erst einmal einige grundsätzliche Dinge.
Wie du weißt, gibt es im Englischen folgende **Relativpronomen** *(relative pronouns)*:

<table>
<tr><th>Relativpronomen</th><th></th><th>als Subjekt</th><th>als Objekt</th><th>im Genitiv</th><th>mit Präposition</th></tr>
<tr><td>notwendiger Relativsatz</td><td rowspan="2">Personen</td><td>who/that</td><td>who/that/ whom</td><td rowspan="2">whose</td><td rowspan="2">(by, for) whom</td></tr>
<tr><td>nicht notwendiger Relativsatz</td><td>who</td><td>who/ whom</td></tr>
<tr><td>notwendiger Relativsatz</td><td rowspan="2">Sachen/ Tiere</td><td>which/that</td><td>which/that</td><td rowspan="2">whose/ of which</td><td rowspan="2">(by, for) which</td></tr>
<tr><td>nicht notwendiger Relativsatz</td><td>which</td><td>which</td></tr>
<tr><td></td><td>ganzer Satz</td><td>which</td><td>which</td><td></td><td></td></tr>
</table>

Relativsätze beziehen sich auf etwas Vorangegangenes. (Das englische Verb *to relate to* heißt „sich beziehen auf“.) Das kann entweder ein Wort sein oder ein ganzer Satz.
Meist beziehen sie sich, wie im Deutschen, auf ein **vorangegangenes Wort**.

My brother, who lives in London, has got a really good job.
Mein Bruder, der in London wohnt, hat eine sehr gute Stelle.

Im Gegensatz zum Deutschen kann das **Relativpronomen** im Englischen manchmal auch **weggelassen werden**.

She didn't read the book (that) I gave her.
Sie hat das Buch, das ich ihr gegeben habe, nicht gelesen.

Und – darin unterscheidet sich das Englische ebenfalls vom Deutschen – das **Komma** kann unter bestimmten Bedingungen **entfallen**:

The man who stole the car has now been caught.
Der Mann, der das Auto gestohlen hat, ist jetzt festgenommen worden.

Für diese beiden Regeln ist die Unterscheidung zwischen **notwendigen** und **nicht notwendigen** Relativsätzen *(defining and non-defining relative clauses)* wichtig. Ein Punkt, auf den wir im Weiteren näher eingehen werden.

A

1. Relativsätze, die sich auf einen Satz beziehen

Das Relativpronomen kann sich, wie im Deutschen auch, auf einen **ganzen Satz** beziehen.

This year we had daffodils in February, which doesn't happen very often.
Dieses Jahr hatten wir schon im Februar Narzissen, was nicht sehr häufig vorkommt.

Und damit kommen wir gleich zu unserer ersten Regel:

Regel

Bezieht sich das Relativpronomen auf einen ganzen Satz, dann lautet es immer ***which***. Dieses *which* entspricht dem deutschen „was".
Vor dem *which* muss immer ein Komma stehen.

Übung A1

Dazu gleich eine kleine Übung.
Verbinde die beiden Sätze mit einem Relativpronomen.

1. I didn't have to do any homework yesterday. That doesn't happen very often. ______________________________

____

2. We didn't manage to get tickets for the concert. It was a great pity.

____

____

3. In Britain you can get married when you're 16. I think that's crazy.

___

___

4. My dad left the lights of the car on, and when he went to start it the battery was flat. That was a nasty surprise. ___

___

___

5. He says he has given up smoking. That's hard to believe. ___

___

2. Notwendige/nicht notwendige Relativsätze

A

Kommen wir nun zu den Relativsätzen, die sich auf ein vorangegangenes Wort beziehen. Man unterscheidet im Englischen zwischen **notwendigen und nicht notwendigen Relativsätzen** *(defining and non-defining relative clauses).*

Diese Unterscheidung ist aus drei Gründen wichtig. Sie spielt eine Rolle

1. bei der **Kommasetzung**,
2. bei der Verwendung des Relativpronomens ***that***,
3. bei der Frage, ob ein Relativpronomen **entfallen kann oder nicht**.

Was heißt nun aber „notwendig"? Wann ist ein Satz notwendig?

„Notwendiger Relativsatz" bedeutet: ein Relativsatz, der für die Aussage des ganzen Satzes nötig ist. Lässt man ihn weg, versteht man den Sinn des Satzes nicht mehr richtig.

There is no human being on earth who has never made a mistake.
Es gibt keinen Menschen auf der Erde, der nie einen Fehler gemacht hat.

Lässt man den Relativsatz weg, so hat man eine unsinnige Aussage:

There is no human being on earth.
Es gibt keinen Menschen auf der Erde.

Notwendige Relativsätze, und das ist die Mehrzahl aller verwendeter Relativsätze, sind für das Verständnis eines Satzes **unentbehrlich**. Daher werden sie auch **nicht** durch ein Komma abgetrennt.

Nicht notwendige Relativsätze sind für das Verständnis eines Satzes **entbehrlich**. Sie werden daher von diesem durch ein Komma abgetrennt.

Tanya, who spent all her spare time training, is now New York marathon champion.
Tanya, die in jeder Minute ihrer freien Zeit trainiert hat, ist jetzt Siegerin des New York Marathon.

Auch ohne den Relativsatz ergibt sich in diesem Beispiel eine sinnvolle Aussage. Die Zusatzinformation ist zwar interessant, aber nicht notwendig, sie könnte genauso gut in Klammern stehen.
Eigentlich ist das Komma nichts anderes als eine Art „Mini-Klammer". Denn alles, was zwischen den Kommas steht, könnte ebenso gut in Klammern stehen. Der Hauptsatz ist auch ohne den Nebensatz zu verstehen.

Übung A 2

Und nun überprüfe einmal, ob dir klar ist, wann du ein Komma setzen musst und wann nicht. Setze Kommas, wenn du meinst, dass der Relativsatz nicht notwendig ist – d. h. wenn er in Klammern stehen könnte. Du kannst auch ruhig mit Bleistift Klammern einsetzen.

1. People who live in Bavaria like drinking beer.

2. The British Prime Minister who has been ill recently is thinking of retiring.

3. The policeman who caught the murderer was treated like a hero in the village.

4. The car that he tried to sell me was a wreck.

5. People who don't smoke usually live longer than people who do smoke.

6. Lynn's grandmother who is 85 still rides a bike every day.

7. My brother Tony who is two years younger than I am isn't allowed to go out with girls.

8. I have a TV in my bedroom which is the cosiest room in the house.

Die Sache ist aber leider nicht immer so eindeutig. Achte bei den folgenden Sätzen darauf, dass sich der Sinn ändert, je nachdem, ob man ein Komma setzt oder nicht. Sieh dir die Beispiele einmal genau an:

nicht notwendiger Relativsatz

My watch, which kept perfect time, is broken.
Meine Uhr, die genau funktionierte, ist kaputt.

Hier ist der Relativsatz nicht notwendig. Er kann deshalb auch wegfallen, also:

My watch is broken.
Meine Uhr ist kaputt. (Ich habe eine Uhr, und sie ist kaputt.)

notwendiger Relativsatz

My watch which kept perfect time is broken.
Meine Uhr, die genau funktionierte, ist kaputt.

Der Relativsatz ist diesmal für die Aussage des Satzes wichtig:
Nicht irgendeine Uhr, sondern ausgerechnet die Uhr, die genau ging, ist kaputt.

Und es gibt noch einen Tipp, wie man feststellen kann, ob ein Relativsatz notwendig ist oder nicht.

TIPP

Wenn man im Deutschen „derjenige", „diejenige", „dasjenige" einsetzen kann, handelt es sich um einen notwendigen Relativsatz (also im Englischen ohne Komma!).

Überträgt man dies auf den vorangegangenen Beispielsatz, dann lautet die Übersetzung:

Ausgerechnet diejenige Uhr, die genau funktionierte, ist kaputt.

Übung A 3

Versuche nun selbst den Unterschied zwischen den folgenden Satzpaaren zu erklären; z. B.

My girlfriend, who lives in Paris, is called Julie.
My girlfriend who lives in Paris is called Julie.

Erklärung: Im ersten Fall hat der Sprecher nur eine Freundin und sie wohnt in Paris und heißt Julie. Im zweiten hat er mehrere Freundinnen und diejenige, die in Paris wohnt, heißt Julie.

1. The teacher told the girls, who had been misbehaving, to stand up.
   The teacher told the girls who had been misbehaving to stand up.

   Erklärung: ______________________________

   ____

2. My car, which is 11 years old, still runs very well.
   My car which is 11 years old still runs very well.

   Erklärung: ______________________________

   ____

3. The bike, which was standing outside the house, belonged to Mike.
   The bike which was standing outside the house belonged to Mike.

   Erklärung: ______________________________

   ____

Rätsel

Jetzt aber erst einmal eine kleine Abwechslung, bevor es mit den Relativpronomen weitergeht.
Versuche, in dem folgenden Rätsel die 16 Fragen zu beantworten. Anschließend musst du den in Klammern angegebenen Buchstaben jeder Frage in das entsprechende Feld unten eintragen (z. B. 3 (1) = Frage 3, Buchstabe 1). Diese Buchstaben ergeben den Namen einer der bekanntesten Gruppen der Popmusikgeschichte.

1. City originally called New Amsterdam. ______________________

2. Famous French Emperor. ______________________

3. Building where plays are performed. ______________________

4. City in which Piccadilly Circus is to be found. ______________________

5. America's most famous blonde actress. ______________________

6. Country in Europe famous for clocks and mountains. ______________________

7. Another word for gift. ______________________

8. England's most famous writer. ______________________

9. City in England on the River Mersey. ______________________

10. Street in London where the Prime Minister lives. ______________________

11. Capital of Scotland. ______________________

12. Famous public school in England; also a game. ______________________

13. Oldest university in Britain. ______________________

14. Longest river in the USA. ______________________

15. Famous park in New York. ______________________

16. Scottish loch with its own monster. ______________________

Frage

3 (1) 8 (2) 1 (2) 12 (1) 4 (5) 9 (9) 2 (5) 6 (3) 5 (7) 11 (8) 7 (4) 15 (4) 13 (4) 10 (6) 16 (6) 14 (4)

Lösung

3	8	1	12	4	9	2	6	5	11	7	15	13	10	16	14

3. Der Gebrauch der Relativpronomen

3.1 Relativpronomen als Subjekt und Objekt des Relativsatzes

Für die richtige Verwendung der Relativpronomen ist es sehr wichtig, dass du erkennst, ob das Relativpronomen Subjekt oder Objekt des Relativsatzes ist. Das erkennst du wie im normalen Satz auch einfach durch eine gezielte Frage: Fragst du **„Wer?"** oder **„Was?"**, dann ist es **Subjekt**, fragst du **„Wen?"** oder **„Was?"**, dann ist es **Objekt**.

Übung A 4

Subjekt oder Objekt? Entscheide, ob das Relativpronomen Subjekt oder Objekt des Relativsatzes ist.

1. This is the book **that** I was talking about yesterday.

   ____

2. Thanks very much for the present **that** you gave me.

   ____

3. There's a policeman here **who** wants to have a word with you.

   ____

4. The dresses **that** she wears are very expensive.

   ____

Probleme? Hoffentlich keine! Solltest du doch Schwierigkeiten gehabt haben, hilft dir sicherlich der folgende Tipp:

TIPP

Steht unmittelbar nach dem Relativpronomen (*who, which, that* usw.) ein Substantiv (*the man, my friend* usw.) oder ein Pronomen (*he, we, you* usw.), dann ist das Relativpronomen immer Objekt des Relativsatzes.

Also:

... the man that I saw ...
that – Objekt, *I* – Subjekt
... the meal which she made
which – Objekt, *she* – Subjekt
... the film that Tom went to
that – Objekt, *Tom* – Subjekt

aber:

... the man who lives ...
who – Subjekt
... the meal which tasted ..
which – Subjekt
... the film that was on ...
that – Subjekt

Hier noch einmal eine kurze Übersicht der Relativpronomen als Subjekt oder Objekt eines notwendigen Relativsatzes:

	Personen	**Tiere, leblose Dinge**
Subjekt	*who, that*	*which, that*
Objekt	*who, that, whom*	*which, that*

Das Relativpronomen ***that*** wird bei Tieren und leblosen Dingen sehr häufig anstelle von ***which*** verwendet, ist aber auch bei Personen möglich:

The man who/whom/that I've just been talking to is my boss.
Der Mann, mit dem ich gerade gesprochen habe, ist mein Chef.

The story which/that she told us was very interesting.
Die Geschichte, die sie uns erzählte, war sehr interessant.

Es gibt zwischen den jeweiligen Möglichkeiten keinen Unterschied in der Bedeutung.

Whom im Objektfall wird immer häufiger durch ***that*** oder ***who*** ersetzt, ist aber noch im formellen Englisch zu finden.

The person whom (oder: *that/who*) *I recommend for the job is Mr Roberts.*
Derjenige, den ich für die Arbeit empfehle, ist Mr. Roberts.

Unser Tipp zur Vereinfachung des Problems:

TIPP

Halte dich im Subjektfall und auch im Objektfall sicherheitshalber an *who* für Menschen und *which* für leblose Dinge bzw. Tiere. Diese beiden darfst du aber nicht mehr durcheinander bringen!

Im Objektfall bei Personen ist ***who*** zwar nicht schön (*that* ist besser) – aber es ist immerhin kein Fehler!

Übung A 5

Wende nun deine Kenntnisse in einer Übersetzung ins Englische an.

1. Der Pullover, den ich gestern beim Schlussverkauf[1] gekauft habe, hat ein Loch.

2. Ich kenne jemanden, der dein Auto reparieren könnte.

3. Der Kugelschreiber, den du mir vor 10 Minuten gegeben hast, geht nicht[2].

4. Die Leute, die hier wohnen, sind sehr nett.

5. Die CDs, die du mir letzte Woche geliehen hast, sind super.

6. Ist das die Frau, die Sie gestern gesehen haben?

7. Der Hund, der die Schafe angegriffen hatte, wurde erschossen.

[1] sales

[2] doesn't work

Regel

Bei notwendigen Relativsätzen (das sind die ohne Komma!) kann man das Relativpronomen, wenn es Objekt ist, weglassen.

The man who(m) I asked to help us is my cousin.
The man I asked to help us is my cousin.
Der Mann, den ich gebeten habe, uns zu helfen, ist mein Cousin.

Diese Konstruktion ist im gesprochenen Englisch sehr gebräuchlich. Man nennt sie einen ***contact clause***.

Wenn das Relativpronomen Subjekt ist, ist eine solche Konstruktion nicht möglich. (Ist ja auch klar, sonst hat der Relativsatz ja gar kein Subjekt!)

The man who gives me piano lessons is really nice.
Der Mann, der mir Klavierunterricht gibt, ist wirklich nett.

Ohne *who* ist der Satz sinnlos.

Übung A 6

Kann man das Relativpronomen weglassen oder nicht? Streiche es dort aus, wo das möglich ist. Falls du bei der Unterscheidung zwischen Subjekt oder Objekt noch Schwierigkeiten hast, frage gezielt und sieh dir den Tipp auf Seite 14 noch einmal an!

1. There's a shop near here which sells really nice cakes.
2. How was the party that you went to last night?
3. The homework which our maths teacher has given us for the weekend is really hard.
4. The sweets that I like best are always sold out!
5. The man who lives next door to us is a doctor.
6. Environmental pollution is a problem which mankind must solve.
7. The thing that surprised me most of all was that he passed his driving test at the first attempt.
8. The excuse that you gave me for turning up late was just ridiculous.

3.2 Präpositionen im Relativsatz

Falls es im Relativsatz eine Präposition gibt (wie z. B. *to, for, in, with*), die sich auf das Relativpronomen bezieht, weicht die englische Konstruktion normalerweise von der deutschen ab, und zwar:

Regel

Die Präposition wird im Relativsatz meist nachgestellt.
In diesen Konstruktionen verwendet man die gleichen Relativpronomen wie im Objektfall. (Also *that, who, whom* bei Personen, *which* und *that* bei Tieren und Dingen.)

Aussagesatz:

I played tennis with Mr Becker yesterday.
Gestern habe ich mit Herrn Becker Tennis gespielt.

Relativsatz:

The man (that) I played tennis with yesterday was Mr Becker.
Der Mann, mit dem ich gestern Tennis gespielt habe, war Herr Becker.

Nur im formellen Englisch ist die gleiche Konstruktion wie im Deutschen üblich:

The article to which I am referring was written by Professor Richardson.
Der Artikel, auf den ich mich beziehe, wurde von Professor Richardson geschrieben.

! Nach einer Präposition darf nie *who* oder *that* stehen, sondern immer nur *which* oder *whom.*

Das Relativpronomen kann, wie in der Regel auf Seite 17 erklärt wurde, im Objektfall wegfallen. Ist eine Präposition im Satz, so muss man sich Folgendes merken:

Regel

Lässt man das Relativpronomen weg, so muss die Präposition nachgestellt werden.

Is this the book that you are looking for?
Is this the book you are looking for?
Ist das das Buch, das du suchst?

The bus which I was waiting for was late.
The bus I was waiting for was late.
Der Bus, auf den ich gewartet habe, hatte Verspätung.

Wohin mit der Präposition? Setze die Präposition, die am Ende des Satzes angegeben ist, an die richtige Stelle. Vorsicht: Manchmal gibt es zwei Möglichkeiten (formell, gesprochen)!

Übung A 7

1. You are just the man ________ I have been looking ________ . *(for)*
2. The man ________ that I sold the car ________ paid by cheque. *(to)*
3. Is this the film ________ which you have been looking forward ________ all day? *(to)*
4. Is that the lady ________ that you live next door ________ ? *(to)*
5. Pollution is a problem ________ which we must learn to live ________ . *(with)*
6. Here are some magazines ________ you can have a look ________ . *(at)*

3.3 Das Relativpronomen *whose*

Bleibt nur noch das Relativpronomen *whose*.

Es wird verwendet, wenn ein Besitz oder eine Zugehörigkeit ausgedrückt wird, d. h. es entspricht dem deutschen „dessen" bzw. „deren".

Regel

Whose steht immer bei Personen, kann aber auch fast immer bei Dingen verwendet werden.

The boy whose dog was killed was very sad.
Der Junge, dessen Hund getötet wurde, war sehr traurig.

The house whose roof was blown off in the storm has now been repaired.
Das Haus, dessen Dach im Sturm weggerissen worden ist, ist jetzt repariert worden.

Allerdings findet man im formellen Englisch bei Dingen auch ***of which***:

Skiing is a sport the dangers of which are often underestimated.
Skiing is a sport whose dangers are often underestimated.
Das Skifahren ist eine Sportart, deren Gefahren oft unterschätzt werden.

3.4 Besonderheiten: *that/what*

Schließlich noch ein paar Besonderheiten (die vorher erwähnten Ausnahmen):

Regel

Nach *all, something, anything, everything, nothing, first, last, only* sowie Superlativen (z. B. *fastest, funniest*) steht *that.*

Dieses *that* kann auch im Objektfall weggelassen werden, wie in der Regel auf Seite 17 beschrieben; es kann aber normalerweise nicht durch *which* ersetzt werden:

All (that) I want is a little bit of peace and quiet.
Alles, was ich will, ist ein bisschen Ruhe.

Everything (that) I do seems to be wrong.
Alles, was ich tue, scheint falsch zu sein.

Austria is the most beautiful country (that) I have ever been to.
Österreich ist das schönste Land, in dem ich je gewesen bin.

I wish there was something (that) I could do to help.
Ich wünschte, es gäbe etwas, was ich tun könnte, um zu helfen.

Einige dieser oben aufgeführten Redewendungen werden im Deutschen mit „was" wiedergegeben:
all that „alles, was"; *something that* „etwas, was"; *nothing that* „nichts, was" usw. Viele Schülerinnen und Schüler übersetzen dieses „was" oft mit dem englischen *what*. Das ist aber nicht richtig. Es muss in diesen Fällen immer *that* heißen.

Das Relativpronomen ***what*** bedeutet immer *the thing that* oder *the things that* und heißt auf Deutsch **„was"** bzw. **„das, was"**.

Do you know what she said?
Weißt du, was sie gesagt hat?

Take this – it's just what you need right now.
Nimm das – es ist genau das, was du jetzt brauchst.

Dieses „was“ darf nicht verwechselt werden mit dem Relativpronomen *which*, das sich auf einen ganzen Satz bezieht und ebenfalls mit „was“ übersetzt wird. (Vgl. Kap. A 1., S. 8f.)

She sings all day, which makes me nervous.
Sie singt den ganzen Tag, was mich nervös macht.

Übung A 8

Ergänze *that* oder *what* in den folgenden Sätzen. Setze das Relativpronomen in Klammern, wo es entfallen kann.

1. All __________ remains to be done is to pack up and go home.
2. This is the first time __________ I have been abroad.
3. When I realized __________ had happened, I felt very silly.
4. Is that all __________ you want to eat?
5. Have you got everything __________ you need?
6. We did __________ we could, but we weren't able to save the drowning man.
7. That was the best match __________ I have ever seen.
8. Is there anything else __________ needs to be done?

Zwischentest

Übung A 9

Setze, wo nötig, das richtige Relativpronomen ein. Manchmal sind mehrere Lösungen möglich.

1. The last time __________ I was in England, there was a rail strike.
2. The artist __________ was awarded first prize in the competition is very talented.
3. I tried out the recipe __________ you gave me, but I'm afraid it didn't quite work out.
4. The flowers __________ you sent me are really beautiful.

5. The people __________ live in this part of the world live to a ripe old age.

6. The tourist __________ wallet was stolen had to end his holiday a week earlier than planned.

7. The painting __________ they were so proud of turned out to be a forgery[1].

8. The man __________ I gave my money to wasn't the milkman, but a crook.

[1] *Fälschung*

A

4. Relativpronomen in nicht notwendigen Relativsätzen

Kehren wir noch einmal zurück zu der Unterscheidung zwischen notwendigen und nicht notwendigen Relativsätzen. Wie schon auf S. 9 erwähnt, ist diese Unterscheidung aus mehreren Gründen wichtig.

Einer der Gründe war die Kommasetzung. Wenn du dich nicht mehr genau an die Regel erinnerst, lies sie dir noch einmal auf Seite 11 durch.

Übung A 10

Nun eine Übung zur Wiederholung.
Setze in den folgenden Sätzen jeweils Kommas, wo es nötig ist.

1. The President of the USA who is at present in Germany on a state visit will attend a special dinner in his honour in Berlin tonight.

2. The au-pair girls who are working in Britain at the moment don't earn much money.

3. He is the very man I am looking for.

4. Toby and Mark whose father is a doctor are always ill.

5. My mother who used to smoke 40 cigarettes a day has now given up smoking.

6. Jane looks really funny in the picture that I took of her.

Nun zu den **nicht notwendigen Relativsätzen**, die viel weniger zahlreich sind als die notwendigen.

Wenn du noch einmal zurückblätterst zu der Tabelle auf S. 7, dann wird eine weitere wichtige Regel gleich deutlich:

Im nicht notwendigen Relativsatz wird das Pronomen *that* nicht verwendet.

Regel

Außerdem gilt:

Das Relativpronomen kann nicht einfach wegfallen wie beim notwendigen Relativsatz.

Regel

Es bleiben also, wenn das Relativpronomen Subjekt des Relativsatzes ist, nur noch *who* bei Personen und *which* bei Dingen und Tieren.

My mother, who knows a lot about computers, could probably help us solve the problem.

Meine Mutter, die viel von Computern versteht, könnte uns wahrscheinlich helfen, das Problem zu lösen.

The stamp, which is one of the rarest in the world, will be put up for sale tomorrow.

Die Briefmarke, die eine der seltensten auf der Welt ist, wird morgen zum Verkauf angeboten.

Wiederholen wir kurz (vgl. Kap. A 3., S. 14ff.):

Ist das Relativpronomen Objekt des Relativsatzes, so steht *who/whom* bei Personen und *which* bei Dingen und Tieren.

Brian, who/whom I haven't seen for years, is coming to see us.

Brian, den ich seit Jahren nicht gesehen habe, kommt uns besuchen.

Her cat, which is called Blacky, had three kittens last week.

Ihre Katze, die Blacky heißt, hat letzte Woche drei Kätzchen bekommen.

Bei den Relativsätzen mit Präposition gilt (vgl. Kap. A 3.2, S. 18f.):
who/whom … + Präposition bei Personen
which … + Präposition bei Dingen und Tieren.

Auch hier darf das Relativpronomen **nie** wegfallen:

Sarah, who/whom I sold my skateboard to yesterday, is now in hospital with a broken leg.

Sarah, der ich gestern mein Skateboard verkauft habe, liegt jetzt mit einem gebrochenen Bein im Krankenhaus.

The party, which I had been looking forward to all week, was cancelled.
Die Party, auf die ich mich die ganze Woche gefreut hatte, wurde abgesagt.

Vorangestellte Präposition + *whom* bzw. *which* ist auch möglich, kommt aber relativ selten vor.

Zu guter Letzt solltest du auch die folgende Regel beachten:

Regel

Both, some, most, several, all, many sowie Zahlen werden im Relativsatz vorangestellt und mit *of whom* bzw. *of which* verbunden.

The children from the city, some of whom had never seen a cow before, were fascinated by their visit to the country.
Die Kinder aus der Stadt, von denen manche noch nie eine Kuh gesehen hatten, waren von ihrem Besuch auf dem Lande fasziniert.

David sold me some CDs, most of which were almost new.
David verkaufte mir einige CDs, von denen die meisten fast neu waren.

Übung A 11

Übersetze ins Englische:

1. Mein Onkel Bruce, der in Australien lebt, ruft uns jeden Sonntag an.

[1] delivery

2. Die Lieferung[1], auf die ich den ganzen Tag wartete, kam nicht.

[2] didn't have their lights on; [3] raced

3. Die Autofahrer, von denen viele ohne Licht fuhren[2], rasten[3] in den Nebel hinein.

[4] *... sendung* – programme; [5] is on

4. Meine Lieblingsfernsehsendung[4], die „Das Krankenhaus im Bayerischen Wald" heißt, kommt[5] jeden Sonntag.

[6] hailstorm

5. Der Hagelsturm[6], der nur drei Minuten dauerte, zerstörte die ganze Stadt.

Übung A 12

Was ist Hägar auf dem Heimweg passiert? Verwende möglichst viele Relativsätze. Hier ein möglicher Anfang:

Listen. I was on my way home when suddenly a big black bear, which I hadn't noticed at all, crossed my path. …

Rätsel

Nun etwas zur Entspannung:
Vor jedem Abschlusstest findest du immer ein Rätsel oder eine andere Denkübung. Hier hast du es mit einem Zahlen-Kreuzworträtsel zu tun.
Gleiche Zahlen bedeuten stets gleiche Buchstaben. Wenn du von dem angegebenen Wort ausgehst, kannst du durch sinnvolles Kombinieren die fehlenden Buchstaben der anderen englischen Wörter erraten. In den Zahlenschlüssel unten solltest du den Buchstaben eintragen, der der jeweiligen Zahl entspricht. (Wenn du schon mit unserem 1. Band gearbeitet hast, kennst du diese Rätselform schon.)

1	2	3	4	5	6	7	8	9	10	11	12	13	14	15

Abschlusstest

a) Setze das richtige Relativpronomen ein *(who, whom, which, that, what, whose)*. Manchmal sind mehrere Lösungen möglich.

1. There are a lot of countries ____________________ do not allow you to enter them without a visa.

2. The doll ____________________ you gave our little girl for Christmas is now her favourite toy.

3. Are you the man ____________________ house has been burgled?

4. The new neighbours turned out to be the family ____________________ we had met on holiday in Turkey last year.

5. She didn't understand ____________________ I was trying to say to her.

b) Streiche das Pronomen dort aus, wo das möglich ist.

1. All that I want you to do is to ask her for her phone number for me.

2. Steven, who I was talking to the other day, is going to Egypt on holiday next week.

3. That was the worst thing that you could possibly have said.

4. The new video camera which my dad bought yesterday must have been very expensive.

5. The murder weapon, which was an old Smith and Wesson, was found near the scene of the crime.

c) Setze Kommas ein, wo es nötig ist.

1. The song which she keeps singing really annoys me.
2. The Queen who only recently returned from the royal tour of New Zealand is spending the summer break in Scotland.
3. There are lots of students at this university who have to work to pay for their studies.
4. My teacher told me to find Mr Atkins which is easier said than done.
5. The train which has just arrived is the one my uncle is on.

d) Setze die in Klammern angegebenen Wörter an der richtigen Stelle ein. Manchmal sind zwei Lösungen möglich.

1. The world, ______________ which he knows so little ______________ , is a great adventure for him. *(about)*
2. The baby ______________ which I had to look ______________ last night was only a few weeks old. *(after)*
3. The boy ______________ that she got the card ______________ is in her class at school. *(from)*
4. I didn't notice ______________ who the letter was addressed ______________ . *(to)*
5. The road ______________ that our house is situated ______________ is very busy. *(next to)*

B

... lots of useful information

Singular und Plural beim Substantiv

Die Bildung des Plurals ist im Englischen viel einfacher als im Deutschen. Dennoch gibt es einige Besonderheiten in der Bildung und dem Gebrauch des Plurals, mit denen wir uns nun beschäftigen wollen.

1. Die Bildung des Plurals

Beginnen wir mit einer kurzen Wiederholung:

regelmäßiger Plural

- Der **regelmäßige Plural** von Substantiven wird durch Anhängen von ***-s*** gebildet:
  car – cars, shop – shops.

- Bei Substantiven, die auf *-s, -ss, -sh, -ch* oder *-x* enden, wird im Plural ***-es*** angehängt:
  bus – buses, kiss – kisses, bush – bushes, church – churches, fax – faxes.

- Endet ein Substantiv auf Konsonant **+ *y***, wird das ***-y*** zu ***-ies***:
  body – bodies, cry – cries,
  endet ein Substantiv auf Vokal **+ *y***, wird einfach nur ein ***-s*** angehängt:
  boy – boys, way – ways.

unregelmäßiger Plural

Daneben gibt es jedoch eine Reihe von **unregelmäßigen Pluralformen**, die du auswendig lernen solltest.

- Bei **Substantiven**, die auf ***-f*** bzw. auf ***-fe*** enden, wird aus dem ***-f(e)*** im Plural ein ***-ves***:
  shelf – shelves, leaf – leaves, wife – wives, knife – knives.

- Bei **Substantiven**, die auf ***-o*** enden, ist die Sache nicht so eindeutig. Viele Substantive bilden den Plural auf ***-oes***:
  tomato – tomatoes, hero – heroes, potato – potatoes.

- Andere haben im Gegensatz dazu nur einfach ein ***-s*** im Plural. Das sind:

  a. Kurzformen:
  kilo – kilos, photo – photos

b. Völkernamen:
Eskimo – Eskimos, Filipino – Filipinos

c. Wörter, die anderen Sprachen entlehnt wurden:
piano – pianos, macho – machos

d. Wörter, in denen dem *-o* ein Vokal vorangeht:
radio – radios, studio – studios, video – videos

- Dann gibt es einige Wörter, bei denen beide Endungen (*-os* und *-oes*) zulässig sind:
  buffalo, grotto, mango, mosquito, motto, tornado, volcano, zero.

Übung B1

Hierzu eine kurze Übung. Bilde den Plural:

Singular	**Plural**	**Singular**	**Plural**
hobby		crash	
thief		match	
radio		city	
fly		wolf	
life		potato	
play		body	
half		Navajo	
cargo		sex	
bus		family	
wish		rodeo	

- Kommen wir nun zum **Plural** des Wortes ***man***:
  In der Regel lautet der Plural von *man – men*:
  man – men, woman – women, Frenchman – Frenchmen.

- Eine Ausnahme sind manche **Nationalitätsbezeichnungen**, bei denen der Endung *-man* lediglich ein *-s* hinzugefügt wird:
  Roman – Romans, Norman – Normans.

- Übrigens: Möchte man betonen, dass es sich bei *Roman* um eine römische Frau bzw. einen römischen Mann handelt, so muss man ausdrücklich das Wort *man* oder *woman* hinzufügen:
  Roman woman/Roman man – Roman women/Roman men.

- Folgende Substantive haben ganz **unregelmäßige Pluralformen**:
  child – children, foot – feet, goose – geese, louse – lice, mouse – mice, tooth – teeth

- Andere Substantive **verändern sich** im Plural überhaupt **nicht**:
  deer – deer, fish – fish, sheep – sheep

  Das gilt auch für Nationalitätsbezeichnungen aus *-ese* und *-ss*:
  Chinese – Chinese, Japanese – Japanese, Swiss – Swiss

- Bleiben noch die **zusammengesetzten Substantive**:
  Bei einigen Zusammensetzungen, besonders solchen mit Substantiven plus Präposition, erhält das erste Element die Pluralendung *-s*. Hier einige Beispiele:
  brother-in-law – brothers-in-law, passer-by – passers-by.

  Die meisten zusammengesetzten Substantive haben jedoch den Plural im zweiten Element:
  day trip – day trips, holiday resort – holiday resorts, grown-up – grown-ups.

Übung B2

Jetzt hast du die Gelegenheit, deine Kenntnisse zu überprüfen:
Wie lautet der Plural von:

taxi driver, foot, Englishman, mosquito, mouse, sheep, Roman, fish, Japanese, Roman woman, Chinese, louse, tornado, company, tomato, Scotsman, mother-in-law, summer vacation, passer-by, girlfriend, sister-in-law, pen friend, child, grown-up, gentleman, tooth.

B

2. Der Gebrauch des Plurals

Eine wichtige Regel kennst du:

Regel

> Das Verb (Prädikat) richtet sich nach dem Subjekt des Satzes, d. h.: Steht das Subjekt im Singular, muss auch das Verb im Singular stehen, steht das Subjekt im Plural, so muss auch das Verb im Plural stehen.

Nun schau dir aber einmal folgenden deutschen Satz an:

„Das Hauptziel seiner Kritik waren die jungen Mädchen von heute."

Das Subjekt des Satzes, nach dem sich das Verb richtet – die jungen Mädchen – steht hier erst hinter dem Verb.

Im Englischen ist die Wortstellung im Satz viel starrer als im Deutschen: Das Subjekt muss vor dem Verb stehen. Die englische Übersetzung des Satzes kann also nur so lauten:

The main target of his criticism was the young girls of today.
Oder aber:
The young girls of today were the main target of his criticism.

Nun aber zu den interessanten Besonderheiten.

2.1 Maß- und Mengenangaben

Gelegentlich wird aber doch ein scheinbarer Plural wie ein Singular gebraucht. Das gilt insbesondere bei **Maß- und Mengenangaben**, die als **Einheit** aufgefasst werden können.

£90 is far too much to pay for a concert!
Neunzig Pfund sind (ist) für ein Konzert viel zu viel!

Three years is a long time.
Drei Jahre sind (ist) eine lange Zeit.

Ausnahme:

Werden die Subjekte jedoch durch einen Zusatz näher bestimmt, so bleiben sie oft als Plural bestehen, und auch das Verb steht im Plural.

The two weeks I spent in New York were super.
Die zwei Wochen, die ich in New York verbrachte, waren super.

2.2 Substantive im Plural, wie im Singular verwendet

Einige Substantive stehen zwar der Form nach im Plural, werden aber wie Substantive im Singular verwendet, z. B.: *news, the USA, data, billiards.*

The news is good.
Die Nachrichten sind gut.

Billiards is getting more and more popular.
Billard wird immer beliebter.

Substantive, die auf ***-ics*** enden, z. B.: *mathematics, politics, athletics, economics, statistics, physics*, werden wie Singularwörter gebraucht, wenn sie (Schul-, Universitäts-)Fächer oder Wissenschaften bezeichnen.

Mathematics is my favourite subject at school, but I don't like physics.
Mathematik ist mein Lieblingsfach in der Schule, aber Physik mag ich nicht.

Ausnahme:

Wenn solche Substantive aber durch einen Zusatz (z. B. *my, his, her, Mr Smith's, the ... of ...*) näher bestimmt werden, sind sie meist wieder Plural.

The Prime Minister's politics are not very popular.
Die Politik des Premierministers ist nicht besonders beliebt.

These statistics prove my theory.
Diese Statistik beweist meine Theorie.

Übung B 3

Singular oder Plural? Unterstreiche in den folgenden Sätzen die richtige Verbform.

1. My favourite meal is/are steak and chips.
2. These last few weeks has/have been really enjoyable.
3. 2,000 miles is/are a long way to travel for a holiday.
4. Two heads is/are better than one.
5. The news is/are on TV right now.
6. These statistics is/are all false!
7. The USA is/are planning to launch a new spaceship next week.
8. The two goals we scored was/were not enough.
9. Economics is/are a very popular subject at university these days.
10. Politics is/are boring.

Nach dieser Übung, die dir sicher nicht schwer gefallen ist, kommen wir zu einem Thema, das dir wohl bekannt ist, nämlich den „Gruppenbezeichnungen".

2.3 Gruppenbezeichnungen

!

Bei Gruppenbezeichnungen wie *family, team, class, group, government, party, crowd, generation* kann das Verb im Singular oder im Plural stehen. Ausschlaggebend ist, ob die Gruppe als **Einheit** gemeint ist **oder** ob eher **die einzelnen Mitglieder** im Vordergrund stehen.

The government has decided to ban the sale of alcohol in football stadiums.
Die Regierung hat beschlossen, den Verkauf von Alkohol in Fußballstadien zu verbieten.

My team aren't good losers.
Meine Mannschaft verliert nicht gern.

Wichtig ist, dass man im Satz **konsequent** bleibt, d. h. steht das Verb im Plural, so müssen auch Pronomen oder Possessivbegleiter im Plural stehen; steht das Verb im Singular, so werden Pronomen oder Possessivbegleiter entsprechend im Singular verwendet.

The conservative party has lost many of its followers recently.
Die konservative Partei hat in letzter Zeit viele ihrer Anhänger eingebüßt.

Bei den Gruppenbezeichnungen *police* und *people* (Leute, Menschen) stehen Verb, Pronomen oder Possessivbegleiter immer im Plural, obwohl die beiden Wörter keine Pluralendung *-s* kennen.

The police were unable to recover the stolen jewellery.
Die Polizei konnte den gestohlenen Schmuck nicht ausfindig machen.

These people are very poor.
Diese Leute sind sehr arm.

Beachte, dass die Pluralform ***peoples*** nur die Bedeutung „Völker" hat.

He's writing a book about the peoples of Africa.
Er schreibt gerade ein Buch über die Völker Afrikas.

Diese Regeln sind ziemlich eindeutig, deshalb gleich wieder eine Übung.

Übung B 4

Singular oder Plural? Streiche die falsche Verbform aus.

1. Your generation seems/seem to think that they are the only people who knows/know anything.
2. The huge crowd was/were disappointed when its favourite group didn't turn up.

3. The police is/are interviewing two men in connection with the robbery.

4. Joan's class is/are making their own costumes for the Christmas play.

5. The people who has/have most to say about pollution is/are the people who does/do least about it.

6. Every political party has/have to have a strong leader.

7. Mike's team hasn't/haven't won any of their games so far this year.

8. Our family hasn't/haven't had a holiday together for years.

2.4 Weitere Unterschiede zum Deutschen

! Bezeichnungen von Kleidungsstücken und Körperteilen sowie einige Allgemeinbegriffe (z. B. *life, mind, death*) stehen im Englischen meist im Plural, wenn das Subjekt des Satzes im Plural steht.

We took off our coats and sat down.
Wir legten den Mantel ab und setzten uns.

They made up their minds to go home.
Sie entschlossen sich, nach Hause zu gehen.

Ten people lost their lives in the bomb blast.
Zehn Leute kamen bei der Explosion ums Leben.

Du darfst auch nicht vergessen, dass in solchen Fällen im Englischen der Possessivbegleiter (*my, your, his, her* usw.) verwendet wird. Im Deutschen steht in diesen Fällen meist der bestimmte Artikel.

Beachte auch die folgenden Besonderheiten:

We'll have to change trains in Manchester.
Wir müssen in Manchester umsteigen.

Chapters 3 and 4, pages 67 to 95.
Kapitel 3 und 4, Seite 67 bis 95.

Allmählich kommen wir zum Schluss. Es folgen aber noch zwei ganz wichtige Regeln, bei denen es um Wörter geht, die im Englischen genau andersherum verwendet werden als im Deutschen.

2.5 Singularwörter

!

Eine Reihe englischer Substantive kann nur im Singular verwendet werden. Die deutschen Entsprechungen stehen oft im Plural.

Hier einige der wichtigsten:

Wortliste

advice	Ratschlag, Ratschläge
furniture	Möbel
homework	Hausaufgaben, Schularbeiten
information	Information, Informationen
progress	Fortschritt, Fortschritte

Diese Wörter werden auch nie mit dem unbestimmten Artikel *a/an* verbunden, oft aber mit *some*, im Fragesatz oder in der Verneinung mit *any*.
Will man bei den Begriffen *advice, furniture, information* betonen, dass es sich um **einen** Ratschlag, um **ein** Möbelstück, um **eine** Information handelt, so muss man ***a piece of*** hinzufügen.

I tried to give him some helpful advice.
Ich habe versucht, ihm einige hilfreiche Ratschläge zu geben.

I've got an interesting piece of information for you.
Ich habe eine interessante Information für dich.

2.6 Bedeutungsunterschiede im Singular und Plural

Einige Pluralformen haben sogar auch eine andere Bedeutung als die Singularform.

Vergleiche:

Wortliste

damage	Schaden, Schäden	*damages*	Schadenersatz
stair	Stufe	*stairs*	Treppe, Treppen
hair	Haar, Haare (auf dem Kopf)	*hairs*	(die einzelnen) Haare
step	Steinstufe	*steps*	Steintreppe

2.7 Pluralwörter

Die folgenden englischen Wörter stehen immer im Plural, die deutschen Entsprechungen dagegen im Singular:

Wortliste

trousers	Hose	*surroundings*	Umgebung
glasses	Brille	*clothes*	Kleider, Kleidung
scissors	Schere	*goods*	Ware(n)
pyjamas	Pyjama, Schlafanzug	*thanks*	Dank
scales	Waage	*outskirts*	Rand, Randgebiet

Wenn man die Einzahl der in der linken Spalte aufgeführten Wörter betonen möchte, verwendet man ***a pair of***.

I need a new pair of pyjamas.
Ich brauche einen neuen Schlafanzug.

£120 for a pair of trousers? You must be joking!
120 Pfund für eine Hose? Das kann doch nicht dein Ernst sein!

Übung B5

So – und um diese Wörter zu festigen, schließen wir jetzt wieder eine Übung an.
Übersetze ins Englische. Lasse dich hier nicht durch das Deutsche irritieren.

1. Deine Hose ist zu eng[1].
2. Wir wohnen am Rande von Stuttgart.
3. Unsere Ware ist erstklassig[2].
4. Nach neuesten[3] Informationen hat der Verletzte[4] Schadenersatz verlangt.

[1] tight
[2] first rate
[3] according to the latest
[4] injured man

5. Fliegen wir[1] direkt nach Miami, oder müssen wir[2] umsteigen[3]?

[1] are we flying; [2] do we have to *(vgl. S. 52 ff.)*; [3] *logisch denken! Was müssen sie wechseln?*

6. Wir bedauern den Tod dieser tapferen Männer sehr[4].

[4] very much regret

7. Diese Treppe ist sehr steil[5].

[5] steep

8. Ich muss noch[6] meine Hausaufgaben machen.

[6] still have to

9. Sie drehten den Kopf weg, als sie sein Gesicht sahen.

10. Deine Brille passt sehr gut zu[7] deinen Haaren.

[7] *passen zu* = (to) go with

11. Onkel Albert gibt mir immer gute Ratschläge.

Vor dem Abschlusstest wieder unser Rätsel.

Rätsel

In die Felder des Kästchens, das du unten findest, ist ein Ausspruch von Abraham Lincoln eingesetzt worden – allerdings nur jedes zweite Wort. Die restlichen Wörter findest du in alphabetischer Anordnung darunter. Versuche nun, diese Wörter sinnvoll in das Kästchen einzufügen.

You		fool		the
	some		the	
and		of		people
	the		but	
cannot		all		people
	of	X	the	

Setze folgende Wörter ein: *all, all, all, can, (to) fool, of, people, some, time, time, time, the, the, you.*

Abschlusstest

Singular oder Plural? Setze das in Klammern angegebene Verb in der Singular- oder Pluralform ein.

1. ____________ *(do)* the police have any idea who could have committed the crime?

2. My favourite pop group ____________ *(be)* the Strolling Bones.

3. The outskirts of Munich ____________ *(be)* very nice.

4. My glasses ____________ *(be)* broken.

5. No news ____________ *(be)* good news.

6. ____________ *(have)* any progress been made in the search for a solution to the problem?

7. The crowd ____________ *(be)* getting full value for its money today.

8. My hair ____________ *(be)* very dry at the moment.

9. Your trousers ____________ *(have)* got a hole in the knee.

10. The damage to the car ____________ *(be)* only superficial[1].

[1] *oberflächlich*

They soon know what they are supposed to know …

Die unvollständigen Hilfsverben und ihre Ersatzformen

C

Die unvollständigen Hilfsverben begegnen dir im Englischunterricht seit deinem ersten Tag. Wir wollen hier noch einmal alle Regeln zusammentragen, die du dir einprägen musst.

Zunächst einmal – welche sind die wichtigsten **unvollständigen Hilfsverben** *(modal auxiliaries)* im Englischen?

Es sind ***can/could, may/might, need, must, shall/should/ought to***.

Alle diese unvollständigen Hilfsverben haben **vier gemeinsame Kennzeichen**:

Regel

1. Sie haben kein *-s* in der 3. Person Singular Präsens.

He can drive very well.
Er kann sehr gut fahren.

She might tell someone.
Sie könnte es jemandem sagen.

Regel

2. In der Frageform und in der Verneinung gibt es keine Umschreibung mit *(to) do*.

May I have another piece of cake?
Darf ich noch ein Stück Kuchen haben?

I can't play the piano.
Ich kann nicht Klavier spielen.

Regel

3. Im Gegensatz zum Deutschen werden die unvollständigen Hilfsverben fast immer mit einem Vollverb verbunden.

It's all right, my friend can speak German, too.
Es macht nichts, mein Freund kann auch Deutsch.

Das gilt nicht für Kurzantworten, bei denen das Hilfsverb wiederholt werden muss:

Can I have a look at the letter? – No, you can't.
Darf ich mir den Brief ansehen? – Nein!

Regel

4. Die unvollständigen Hilfsverben können nicht in allen Zeitformen verwendet werden. Wenn eine Beziehung zur Vergangenheit ausgedrückt werden soll, werden sie mit *have + Past Participle* konstruiert oder durch ein anderes Verb ersetzt.

She must have been really excited.
Sie muss sehr aufgeregt gewesen sein.

We needn't have bothered running – the bus was late anyway.
Wir hätten uns gar nicht die Mühe machen müssen zu laufen – der Bus kam sowieso zu spät.

Wir haben uns einmal überlegt, wann es eigentlich Schwierigkeiten mit den unvollständigen Hilfsverben gibt. Wir meinen, dass das immer dann der Fall ist, wenn wir sie vom Deutschen ins Englische übersetzen müssen, andersherum ist es selten schwierig. Du sollst also wissen, wie man die wichtigsten deutschen Hilfsverben – „können", „dürfen", „müssen" und „sollen" ins Englische überträgt.

Beginnen wir mit dem deutschen Hilfsverb „können".

C 1. Können

!

Das englische ***can*** wird fast genauso wie das deutsche **„können"** gebraucht.

Es kommt nur im Präsens vor als *can* und in der Vergangenheit als *could*.

Could drückt jedoch nicht nur die Vergangenheit aus, sondern oft auch den Konjunktiv „könnte".

Alle anderen Zeitformen von **„können"** müssen im Englischen mit Ersatzformen umschrieben werden.

Die häufigste Ersatzform von *can* ist *(to) be able to.*

Regel

Das bedeutet „fähig sein", „in der Lage sein", „die Fähigkeit besitzen" (etwas zu tun).

Diese Ersatzform kann in jeder Zeitstufe vorkommen und wird für die Zeiten verwendet, die *can* nicht bilden kann. Das sind vor allem das *Present Perfect*, das *Past Perfect* sowie das *Future I*.

Although he had worked hard all year, he had not been able to afford a holiday.
Obwohl er das ganze Jahr durch schwer gearbeitet hatte, konnte er sich keinen Urlaub leisten. (... hatte er sich ... leisten können.)

Will you be able to come to my party?
Kannst du zu meiner Party kommen? (Wirst du ... kommen können?)

Aber auch im Präsens wird die Ersatzform gelegentlich vorgezogen, allerdings nur, wenn es sich ausdrücklich um eine körperliche oder geistige Fähigkeit handelt.

That boy is scarcely able to write his name. (oder: ... *can scarcely write* ...)
Dieser Junge kann kaum seinen Namen schreiben.

Etwas schwieriger ist es schon mit der Übersetzung von **„konnte(n)"**. Man kann zwar oft ***could*** nehmen, insbesondere:

a) bei Verben der Sinneswahrnehmung:

We could hear the dog, but we couldn't see it.
Wir konnten den Hund hören, aber nicht sehen.

b) wenn ein einschränkender Zusatz (z. B. *never, scarcely, hardly, not* bzw. ... *n't*) im Satz enthalten ist:

We were so tired that we could hardly walk.
Wir waren so müde, dass wir kaum noch gehen konnten.

Aber:

Regel

Could steht nie bei einzelnen Vorfällen oder Begebenheiten in der Vergangenheit. In solchen Fällen musst du eine Umschreibung nehmen.

Then we were able to/managed to catch the thief.
Dann konnten wir den Dieb fangen.

But the thief managed to escape again a few hours later.
Aber wenige Stunden später konnte der Dieb wieder entkommen.

Neben ***(to) be able to*** gibt es auch noch eine zweite Umschreibungsmöglichkeit, nämlich ***managed to***, das oft die eleganteste Ersatzform bei **„konnte(n)"** ist.

TIPP

Wenn im Deutschen statt „konnte(n)" auch „es gelang ihm/ihr/mir usw." stehen könnte, kannst du im Englischen sagen: *He/she/I managed to …*

Übung C1

Ersatzform oder nicht? Übersetze die folgenden Sätze ins Englische und achte besonders darauf, ob eine Ersatzform von *can* nötig ist oder nicht. Manchmal sind mehrere Lösungen möglich. In einigen Sätzen geben wir dir einen Hinweis auf die Zeit, die du nehmen musst.

1. Können Sie mir sagen, wie spät es ist? *(Conditional)*

   Could you tell me what time it is?

2. Als ich ein Baby war, konnte ich reden, bevor ich gehen konnte.

   ____

   ____

3. Ich kann Michael nicht ausstehen[1]. Er konnte noch nie den Mund halten[2].

   (Present Perfect) ______________________________

   ____

4. Kannst du Schach spielen? ______________________________

   ____

[1] *ausstehen* = (to) stand; [2] *den Mund halten: (hier)* = (to) keep quiet about things

5. Ich konnte die Prüfung bestehen[1]. ______________________________

____

6. Vielleicht kann Julie auch mitkommen[2]. ______________________________

____

7. Ich war sehr traurig, weil wir uns[3] nicht treffen konnten. *(Past Perfect)*

____

____

[1] *bestehen* = (to) pass

[2] *mitkommen: (hier)* = (to) come with us

[3] *uns: (hier)* = each other

Wir haben uns bisher nur mit der **Grundbedeutung** von **„können"** beschäftigt. In der Umgangssprache sagt man aber oft „Kann ich" statt **„Darf ich"**. Solche Fälle bereiten aber im Englischen keine Schwierigkeiten, weil man auch hier statt *May I* genauso oft *Can I* sagt.

Can I come in?
Kann ich reinkommen?

Es gibt aber eine andere Bedeutung von „können", die nicht einfach mit *can* ins Englische übertragen wird.

„Können" drückt manchmal eine **Möglichkeit** aus: „Das kann sein" = „Das ist möglich." Dann wird es mit *may* oder *might* übersetzt.

!

Might und *may* drücken hier jeweils eine Gegenwartsform aus. *Might* bedeutet „es könnte möglich sein", *may* = „es ist möglich". Die Vergangenheitsform lautet: *might/may have*.

Hier ein paar Beispiele dafür:

That may be so.
Das kann sein. (Das ist möglich.)

I may/might be wrong.
Ich kann mich irren. (Es ist möglich, dass ich mich irre.)

The letter might have got lost.
Der Brief könnte verloren gegangen sein. (Es könnte möglich sein, dass der Brief verloren gegangen ist.)

Es ist also wichtig, dass du in einem Satz die jeweilige Bedeutung von „können" erkennst, bevor du es übersetzt.

Fassen wir in einer Tabelle noch einmal zusammen, was wir bisher herausgefunden haben.

können

können		
Was drückt „können“ aus?	englische Entsprechung	
körperliche oder geistige Fähigkeiten	*can/could* *(to) be able to*	nur *Simple Present/ Simple Past* alle Zeitstufen
Erlaubnis (dürfen)	*can*/seltener *may*	„können“ wird in diesem Sinn so gut wie nur im Präsens verwendet
Möglichkeit (vielleicht …)	*may/might* *may have/might have* *it is/it was* usw. *possible that …*	*Simple Present* bzw. *Simple Past* alle Zeitstufen
konnte(n)	*could* *was/were able to* *managed to*	Sinneswahrnehmung, einschränkender Zusatz, allgemeine Fähigkeit in der Vergangenheit nur bei Einzelvorgängen in der Vergangenheit

Übung C2

Bei der folgenden Übersetzung ins Englische solltest du genau überlegen, welche Bedeutung „können“ im jeweiligen Satz hat. Bei Unsicherheiten blättere ruhig noch einmal nach.

1. Kann ich hier telefonieren (= Ihr Telefon benutzen)? ______________________________

____

2. Kannst du mir diese grammatische Konstruktion erklären? ______________

3. Du kannst Recht haben. ______________

4. Wir konnten den Schlüssel doch noch[1] finden. ______________

[1] *doch noch: (hier)* = after all

5. Du kannst jetzt gehen. ______________

6. Ich kann nicht mehr laufen! ______________

7. Ich konnte mich in den Ferien gut erholen[2]. ______________

[2] *sich gut erholen: (hier)* = to have a good rest

8. Unsere Gäste können jeden Augenblick[3] ankommen. ______________

[3] at any moment

2. Dürfen

Für die **Grundbedeutung** von **„dürfen"** – nämlich „die Erlaubnis haben, etwas zu tun" – hast du im Englischen zwei Übersetzungsmöglichkeiten zur Auswahl: ***may*** und ***(to) be allowed to***.

Das unvollständige Hilfsverb *may* tritt allerdings relativ selten als Übersetzung von „dürfen" auf; dafür wird die Ersatzform *(to) be allowed to* umso häufiger verwendet.

In den einzelnen Zeiten sieht es so aus:

Gegenwart:

Regel

May kommt nur vor, wenn etwas in einem bestimmten Einzelfall erlaubt oder verboten ist. Es kommt nicht vor, wenn etwas ganz allgemein erlaubt oder verboten ist.

Besonders bei einer Frage, ob man etwas Bestimmtes machen darf oder nicht, nimmt man *may*. Deshalb findet man *may* vor allem in der Frageform und bei den Kurzantworten auf solche Fragen:

May I ask you a personal question?
Darf ich Sie etwas Persönliches fragen?

May I have another piece of chocolate? – No, you may not!
Darf ich noch ein Stück Schokolade haben? – Nein (, du darfst nicht)!

In solchen Fällen wird allerdings das etwas formale *may*, wie wir bereits gesehen haben, oft durch *can* ersetzt:

Can I come, too?
Darf ich auch mitkommen?

Can Robin stay for lunch?
Darf Robin zum Mittagessen bleiben?

Auch bei Aussagesätzen ist *may* bzw. *can* möglich, aber nur, wenn es sich um eine bestimmte Einzelsituation und nicht um eine allgemeine Erlaubnis handelt:

You may/can have the car tonight if you want to.
Du darfst das Auto heute Abend haben, wenn du willst. (= in diesem Einzelfall)

Und wann kommt *(to) be allowed to* vor?

Am/are/is allowed to deutet immer auf etwas, was allgemein erlaubt oder verboten ist.

Regel

I am not allowed to have a pet of my own.
Ich darf kein eigenes Haustier haben.

We're not allowed to play football in the garden.
Wir dürfen nicht im Garten Fußball spielen.

Are you allowed to use your parents' car?
Darfst du das Auto deiner Eltern benutzen?

Übung C3

Jetzt hast du schon drei mögliche Übersetzungen für „dürfen" kennen gelernt. Setze bei den folgenden Sätzen die richtige ein: *may, can, am/are/is allowed to.*

1. ________________ *(Ich darf nicht)* hitchhike[1], because my mum says it's too dangerous.
2. ________________ *(Darf ich)* open the window? It's very hot in here.
3. Dad, ________________ *(darf ich)* borrow £5 from you until next week?
4. Poor Simon! ________________ *(Er darf nicht)* go out with girls, as his parents think he's too young.
5. Jill ________________ *(darf)* stay out till after midnight almost every night of the week.
6. ________________ *(Darf Rosie)* stay overnight at our place on Saturday?

[1] trampen, per Anhalter fahren

Wir haben vorhin die Grundbedeutung von „dürfen" genannt, nämlich „die Erlaubnis haben, etwas zu tun".

!

In seiner **verneinten Form** „nicht dürfen, nicht sollen" hat dieses „dürfen" die Bedeutung einer **Aufforderung**, einer Warnung, eines Ratschlags. Im Englischen heißt es dann immer ***must not*** bzw. ***mustn't.***

You mustn't get so upset.
Du darfst/solltest dich nicht so aufregen.

*You **mustn't** forget to tell her that I called.*

Du **darfst nicht** vergessen, ihr zu sagen, dass ich angerufen habe.

*You **mustn't** tell **anyone** that I told you.*

Du **darfst niemandem** sagen, dass ich es dir gesagt habe.

Auch hier unterscheidet man zwischen bestimmten Einzelfällen und allgemeinen Verboten. Bei den bestimmten Fällen klingt es immer wie eine Aufforderung, dann nimmt man ***mustn't***.

Wenn aber etwas **ganz allgemein verboten** ist, nimmt man ***am/are/is not allowed to***:

*I **am not allowed** to eat sweets. I'm a diabetic.*

Ich **darf keine** Süßigkeiten essen. Ich bin Diabetiker.

Must not heißt „darf nicht", niemals „muss nicht"!

Übung C4

Zu diesem Thema nun erst einmal eine Übung.
Setze *mustn't* oder *am/are/is not allowed to* bei den folgenden Sätzen sein:

1. You ______________________ worry – things will soon get better.

2. You ______________________ drive so fast. It's really dangerous. And anyway, that sign means that you ______________________ drive at over 50 m.p.h. when it's raining.

3. I ______________________ play loud music when my dad is trying to relax.

4. Quick, we ______________________ be late for dinner or mum will be very annoyed.

5. It's not fair! I'm almost 18, but I ______________________ go on holiday on my own. – You ______________________ take things so seriously. Your parents are only thinking of what is best for you.

Nun zur **Vergangenheit**:

Die Vergangenheitsform ***might*** bzw. viel häufer ***could*** kommt fast nur in der indirekten Rede vor:

But the farmer said that we could camp here.
Aber der Bauer hat gesagt, dass wir hier zelten dürfen.

My mum told us that we could watch the horror film if we wanted to.
Meine Mutter sagte uns, dass wir den Horrorfilm sehen dürften, wenn wir wollten.

Sonst wird ***was/were allowed to*** für die einfache Vergangenheit verwendet, und zwar auch bei bestimmten Fällen:

I was allowed to see our new baby for the first time yesterday.
Ich durfte gestern zum ersten Mal unser neugeborenes Baby sehen.

When I was your age I wasn't even allowed to go to town on my own.
Als ich so alt war wie du, durfte ich nicht einmal allein in die Stadt fahren.

Und nun noch einmal die Übersetzungsmöglichkeiten von „dürfen" in einer Tabelle:

dürfen

dürfen			
Was drückt „dürfen" aus?	Präsens	Vergangenheit	
Erlaubnis oder Verbot im bestimmten Falle	*may/can*	*could* *was/were allowed to*	indirekte Rede *Simple Past*
etwas ist allgemein erlaubt oder verboten	*am/are/is allowed to*	*was/were allowed to*	
in der Verneinung: im Sinne einer Aufforderung	*mustn't*	*mustn't*	nur bei der indirekten Rede

In allen anderen Zeiten wird die Ersatzform *(to) be allowed to* verwendet!

Übung C5

Wenn du dir die Tabelle noch einmal gut angeschaut hast, dürfte dir die nächste Übung nicht sehr schwer fallen. Setze die richtige Verbform ein.

1. ______________________________ *(Darf ich)* call you by your first name?

2. When I was a child ______________________________ *(durfte ich nicht)* leave the dinner table until everyone had finished eating. Nowadays most children ______________________________ *(dürfen)* have their dinner in front of the TV set.

3. My little sister got a new bike for Christmas, but she ______________________________ *(darf nicht)* go on the road with it yet.

4. Who told you that you ______________________________ *(durftest)* use my paintbrush?

5. I wonder if my brother ______________________________ *(wird … dürfen)* watch the tennis match on TV tonight. My dad said that he ______________________________ *(dürfte)*, but my mum wants to watch the film on the other channel.

6. If I ______________________________ *(hätte … dürfen)* go swimming on my own when I was a child, I probably wouldn't be so afraid of water now.

Schließlich noch eine besondere Form von „dürfen".

! Der Konjunktiv „**dürfte**" kann auch auf eine **Wahrscheinlichkeit** deuten. Solche Sätze werden nur selten mit einem unvollständigen Hilfsverb ins Englische übersetzt. Am besten nimmst du ganz einfach das Adverb ***probably***:

He has probably caught a cold.
Er dürfte sich erkältet haben. (Er hat sich wahrscheinlich erkältet.)

That's probably her boyfriend.
Das dürfte ihr Freund sein. (Das ist wahrscheinlich ihr Freund.)

Rätsel

Nun hast du wirklich eine kleine Verschnaufpause beim Lernen verdient. Wir haben uns diesmal zwei Schlangenrätsel ausgedacht, die du sicherlich lösen kannst. Im ersten Fall sollst du die Wörter in die „Schlange" einsetzen, die auf der nächsten Seite oben zu finden ist. Du erhältst dann fortlaufend von Nummer 1 bis 16 den Namen eines Londoner Gebäudes.

Im zweiten Fall ergibt die Lösung den Namen eines Gebäudes in New York, wenn du die Buchstaben rückwärts von 16 bis 1 liest.

I. 1– 3 Henry VIII had six of them.

2– 4 The signing of 'Magna Carta' was a great historical ________ .

5– 7 Big round, sweet, green or yellow fruit.

6– 8 Fred's a genius! He always has brilliant ________ .

9–11 There is a famous one in Pisa.

10–12 Jim's greedy. He always asks for an ________ portion of pudding.

13–15 A ________ man is never a coward.

14–16 Opposite of 'well'.

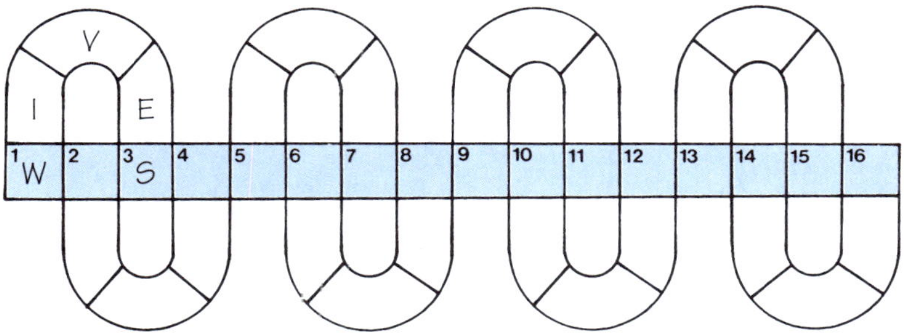

II. 1– 3 Opposite of 'left'.

2– 4 Past participle of 'to eat'.

5– 7 Large bird with very good eyesight.

6– 8 What a beautiful day! There's not a ________ in the sky.

9–11 Another word for a grown-up.

10–12 This castle looks interesting. Let's have a look ________ it.

13–15 A cowboy uses it to catch cattle with.

14–16 To make something as good as new again.

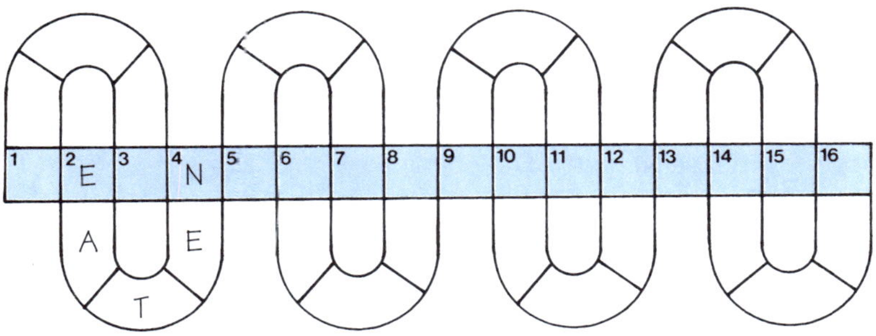

C 3. Müssen

Das deutsche **„müssen"** hat zwei unterschiedliche Grundbedeutungen, die wir getrennt behandeln müssen. Es wird im Sinne einer **Annahme** und im Sinne einer **Notwendigkeit** verwendet.

! 1. Wenn man im deutschen Satz „ich nehme an", „ich bin sicher" sagen könnte, wird **„müssen"** im Sinne einer Annahme oder Überzeugung gebraucht. Oft gebraucht man im Deutschen in solchen Fällen auch „sicherlich", „bestimmt" oder „wohl".
Das wird im Englischen immer mit ***must*** ausgedrückt:

He must be very rich.
Er muss sehr reich sein. = Ich nehme an, dass er sehr reich ist. Er ist bestimmt sehr reich.

You must be very proud of your daughter.
Sie müssen sehr stolz auf Ihre Tochter sein. Sie sind sicherlich sehr stolz auf Ihre Tochter.

In der Vergangenheit nimmt man ***must have***:

You must have been very tired when you got there.
Du musst sehr müde gewesen sein, als du dort ankamst. (Ich bin sicher, dass …)

He must have gone home.
Er muss nach Hause gegangen sein. (Ich nehme an, dass …)

! 2. **„Müssen"** wird auch im Sinne einer **Notwendigkeit** bzw. eines **Zwanges** oder einer **Verpflichtung** gebraucht, und zwar wenn man im deutschen Satz **„es ist notwendig"** sagen kann. In solchen Fällen nimmt man im Englischen entweder ***must*** oder die Ersatzform ***(to) have to***.

Regel

> In dieser Bedeutung kommt *must* nur im Präsens und im Futur vor. In beiden Zeiten wird die Form *must* unverändert verwendet.
> In allen anderen Zeiten wird *must* durch *(to) have to* ersetzt.

We must go now. (Präsens)
Wir müssen jetzt gehen. = Es ist notwendig, dass wir jetzt gehen.

I must lose some weight. (Futur)
Ich muss abnehmen.

I had to wash my mum's car yesterday.
Ich musste gestern das Auto meiner Mutter waschen.

I have never had to wait so long in all my life.
Ich habe noch nie in meinem Leben so lange warten müssen.

He said he had had to spend the whole day fixing his bike.
Er sagte, er habe den ganzen Tag damit verbringen müssen, sein Fahrrad zu reparieren.

I would have to be a millionaire to buy all the things that you want.
Ich müsste Millionär sein, um alles kaufen zu können, was du willst.

Übung C6

Nun die erste Übung zu „müssen". Setze die richtige Verbform ein.

1. The weather ______________________________ *(muss … gewesen sein)* very good when you were in France. You look really brown.
2. I ______________________________ *(habe schon immer … müssen)* walk to school – my parents haven't got a car.
3. I didn't think I ______________________________ *(würde … müssen)* ask Brian to lend me some money.
4. You ______________________________ *(musst)* be Jill's boyfriend.
5. Sonja ______________________________ *(hatte … müssen)* look after her little brother, and that was why she was late for the party.

Aber auch im Präsens bzw. im Futur wird *must* oft durch *(to) have to* ersetzt. Der Unterschied ist sehr klar:

Regel

Must drückt aus, dass der Sprecher selbst etwas für notwendig hält; *(to) have to*, dass der Zwang von außen kommt oder einfach vorhanden ist.

Vergleiche die folgenden Sätze:

I must give up smoking.
Ich **muss** das Rauchen aufgeben. (Ich glaube, es wäre gut, wenn ich das täte. – Es ist ein innerer Zwang da.)

I have to give up smoking.
Ich **muss** das Rauchen aufgeben. (Der Arzt hat mir gesagt, dass es mit mir schlimm ausgeht, wenn ich das nicht tue. – Der Zwang kommt von außen.)

Beachte, dass im gesprochenen Englisch im Präsens statt ***(to) have to*** sehr oft ***(to) have got to*** steht.

!

Im Futur heißt es ***will have to***.

Wir müssen bald gehen, sonst verpassen wir den letzten Zug. =
Wir werden bald gehen müssen, sonst werden wir den letzten Zug verpassen.

Die Übersetzung lautet:
We'll have to go soon or we'll miss the last train.

Regel

In der Frageform ist *(to) have to* immer möglich.

Obwohl ***must*** auch oft bei einer Frage steht, kann man es nicht immer nehmen.

TiPP

Verwende also bei Fragen grundsätzlich ***(to) have to***, dann kannst du keine Fehler machen.

Do you have to play such loud music when I'm trying to work?
Musst du so laute Musik spielen, wenn ich versuche zu arbeiten?

Will you have to do your own cooking when your parents are away?
Musst du für dich selbst kochen, wenn deine Eltern weg sind? (Wirst du für dich selbst kochen müssen, …)

Fassen wir noch einmal alle Regeln zu „müssen" zusammen:

müssen

müssen		
Was drückt „müssen" aus?	Präsens	Fragen
Annahme	*must*	*have to*
innerer Zwang	*must*	
äußerer Zwang	*has/have (got) to*	
Was drückt „müssen" aus?	Futur	
innerer Zwang	*must*	*will have to*
äußerer Zwang	*will have to*	
Was drückt „müssen" aus?	Vergangenheit	
innerer oder äußerer Zwang	*had to*	*had to*
indirekte Rede	*must*	

Übung C7

Mal sehen, ob du „müssen" in seinen verschiedenen Bedeutungen ins Englische übersetzen kannst.

1. Müssen wir Tante Sarah jeden Sonntag besuchen? ____________________

____

2. Ich muss versuchen, weniger Süßigkeiten zu essen. __________________

____

3. Robert muss jetzt eine Brille tragen. ____________________

____

____

____

____

4. Ich muss um 10 Uhr am Bahnhof sein. ______________________________

____

5. Der Zahnarzt sagt, dass ich weniger Kuchen essen muss. ______________

____

Wir haben bereits gesehen, dass ***you mustn't*** nur mit **„du darfst nicht"** übersetzt wird.
Wie aber übersetzt man **„du musst nicht"** (= „du brauchst nicht") ins Englische? Es gibt zwei Möglichkeiten:
you needn't und ***you don't have to***.

Regel

Needn't deutet darauf, dass der Sprecher selbst etwas für nicht notwendig hält;
don't (doesn't) have to drückt aus, dass etwas wegen der äußeren Umstände nicht nötig ist.

We needn't tell Daniel where we've been.
Wir müssen Daniel nicht sagen, wo wir gewesen sind. (Ich halte es nicht für notwendig.)

I don't have to go to the office tomorrow.
Ich muss morgen nicht ins Büro. (äußere Umstände)

Oft sind beide Formen möglich, aber folgende Regel solltest du dir merken:

Regel

Wenn man häufig oder gewohnheitsmäßig etwas nicht machen muss(te), nimmt man *don't/doesn't have to* bzw. die entsprechende Zeitform.

I don't have to get up early on Saturdays.
Ich muss samstags nicht (nie!) früh aufstehen.

Übung C8

Mustn't, needn't oder *don't (doesn't) have to*?

1. We ____________________ go to school tomorrow, as the boiler has broken down and there's no heating.

2. You ____________________ wash your hair now. You can do it later.

3. You ____________________ eat so much before dinner. You'll spoil your appetite.

4. You ____________________ call Trevor. I'll be seeing him tonight and I'll give him the news.

5. You ____________________ wake the baby or mum will be furious.

6. I'm glad I ____________________ sit a test like that every day.

7. You ____________________ take the dog for a walk today – I'll do it.

8. We ____________________ stay till the end of the film if we find it boring.

Auf eine letzte besondere Bedeutung von „müssen" möchten wir dich noch aufmerksam machen.

Der Konjunktiv **„müsste(n)"** heißt im Deutschen etwa so viel wie „sollte(n) eigentlich" und wird deshalb mit ***should*** oder ***ought to*** übersetzt.

I should/ought to do my homework, but I don't feel like it.
Ich müsste meine Hausaufgaben machen, aber ich habe keine Lust. (Ich sollte eigentlich …)

You should/ought to know.
Das müsstest du wissen. (… solltest du eigentlich wissen.)

Und in der Vergangenheit:

I should have/ought to have known that he wouldn't keep his promise.
Ich hätte wissen müssen, dass er sich nicht an sein Versprechen halten würde. (… hätte eigentlich wissen sollen …)

4. Sollen

Von den vier deutschen Hilfsverben, die wir behandeln, hat **„sollen"** die weitaus größte Bedeutungsvielfalt.
Wir wollen uns hier auf die wichtigsten Bedeutungen und deren Übersetzungen konzentrieren.

- „Sollen" ist zunächst einmal der Ausdruck für eine **höfliche** oder auch **bestimmte Aufforderung**: Du solltest mehr Sport treiben!
- Es kann jedoch auch ein **Gerücht** oder eine **unbestätigte Behauptung** wiedergeben: Der Täter soll von der Polizei verhaftet worden sein.
- „Sollen" kann ebenfalls eine **Absicht** oder **Zielsetzung** ausdrücken: Das Buch soll in drei Wochen fertig sein.
- Ebenso kann „sollen" eine **Aufgabe**, etwas **Vorgesehenes** oder eine **Vereinbarung** ausdrücken: Ich soll über dieses Thema einen Aufsatz schreiben.
- Und schließlich kann „sollen" auch ein **erwartetes Schicksal** beschreiben: Schon drei Wochen später sollte sich sein Traum erfüllen.

TIPP

Wenn du nicht weißt, wie du „sollen" übersetzen sollst, frage dich, wie bei allen anderen unvollständigen Hilfsverben auch, was das Verb im jeweiligen Zusammenhang bedeutet. Mit anderen Worten, versuche erst das Wort „sollen" irgendwie zu umschreiben; dann kannst du nämlich leichter erkennen, welche englische Entsprechung du nehmen musst.

Wir wollen dir zeigen, wie das geht:

Regel

„Sollen" im Sinne einer höflichen Aufforderung heißt im Englischen *should* oder *ought to*.

You should/ought to get your hair cut.

Du solltest dir (eigentlich) die Haare schneiden lassen. (= „Ich möchte, dass du dir die Haare schneiden lässt." bzw. „Es wäre besser, wenn du dir die Haare schneiden lassen würdest.")

You should/ought to go to bed earlier.

Du solltest früher ins Bett gehen.

In der Vergangenheit:

I should have phoned her yesterday, but I forgot.

Ich hätte sie (eigentlich) gestern anrufen sollen, aber ich hab's vergessen.

„Sollen" im Sinne eines Gerüchtes oder einer Behauptung wird mit *(to) be said to* oder *(to) be supposed to* ins Englische übersetzt.

Regel

He is said to/is supposed to be very rich.
Er soll sehr reich sein. (Er ist angeblich sehr reich.) (= „Es heißt/Man sagt, dass er sehr reich ist." Oder: „Er ist angeblich sehr reich.")

30 people are said to/are supposed to have died in the riots.
30 Menschen sollen bei den Unruhen ums Leben gekommen sein. (Man sagt, dass …)

„Sollen" im Sinne einer Absicht heißt *(to) be intended to* oder *(to) be meant to.*

Regel

The new law is intended to/is meant to make our lives easier.
Das neue Gesetz soll uns das Leben leichter machen. (= „Es wird mit dem neuen Gesetz beabsichtigt, uns das Leben zu erleichtern.")

The youth club was intended to/was meant to give the young people somewhere to go to at night.
Der Jugendclub sollte den Jugendlichen einen Ort geben, wo sie abends hingehen konnten.

Übung C9

Du kennst es ja inzwischen – nach neuen Regeln folgt eine neue Übung. Setze die richtige englische Entsprechung von „sollen" ein. Frage dich: Geht es um eine höfliche Aufforderung, ist es ein Gerücht bzw. ein Bericht, oder drückt „sollen" eine Absicht aus?

1. You ________________________ *(hättest … sollen)* said that I was too busy to see her.
2. The ring road ________________ *(soll)* stop cars from blocking up the centre of town.
3. You ________________________ *(solltest)* go to the dentist's if you've got toothache.

4. She ______________________ *(soll)* have been a beauty queen when she was young.

5. You ______________________ *(solltest)* give Diane a call when you get home. I'm sure she'd be pleased.

6. Anne's new boyfriend ______________________ *(soll)* be a Black Belt[1] at karate.

7. The tax cuts ______________________ *(sollen)* help poorer families in particular[2].

8. You ______________________ *(hättest … sollen)* told me that you don't like noodles.

[1] den schwarzen Gürtel haben

[2] ganz besonders

Und noch ein paar weitere Bedeutungen von „sollen".

Regel

Wenn „sollen" eine Anweisung, Aufgabe oder Vereinbarung ausdrückt, sagt man *(to) be to* oder *(to) be supposed to.*

I am to/am supposed to pick him up from the station.
Ich soll ihn vom Bahnhof abholen. (= „Ich habe die Anweisung, ihn vom Bahnhof abzuholen.")

We were to/were supposed to wait here.
Wir sollten hier warten.

Regel

„Sollen" im Sinne einer Schicksalsfügung/Bestimmung wird mit *(to) be to* ins Englische übersetzt.

She was to die soon afterwards.
Sie sollte bald danach sterben.
(= „Es ergab sich, dass sie bald danach starb.")

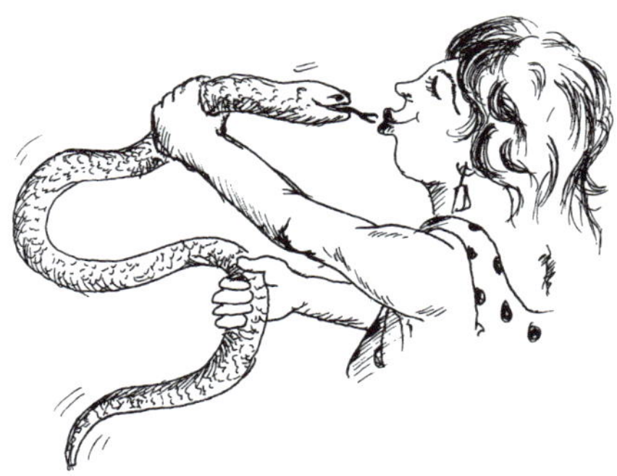

This boy was later to become one of the most powerful men in the world.
Dieser Junge sollte später einer der mächtigsten Männer der Welt werden.

Regel

Nebensätze mit den Fragewörtern *what, which, where, when, how* und *whether* (ob) + „sollen" werden im Englischen meist mit einer Infinitivkonstruktion ausgedrückt.

I don't know what to do.
Ich weiß nicht, was ich machen soll.

I'm not sure whether to call Dave or not.
Ich bin mir nicht sicher, ob ich David anrufen soll oder nicht.

Regel

Bei Entscheidungsfragen mit „sollen" (Antwort „ja" oder „nein") verwendet man im Englischen *shall* oder *should*. Das geht allerdings nur, wenn man den Satz mit „Möchtest du, dass ..." umschreiben kann.

Shall geht nur in der 1. Person Singular oder Plural *(I, we)*; ***should*** dagegen ist bei allen Personen möglich.

Shall/Should I get a doctor?
Soll ich einen Arzt holen? (= „Möchtest du, dass ich einen Arzt hole?")

Should Mr Atkins call you back?
Soll Mr. Atkins Sie zurückrufen?

Übung C 10

Das waren jetzt ziemlich viele Regeln auf einmal. Wir hoffen, du behältst in der nächsten Übung den Überblick.
Übersetze die folgenden Sätze, die alle ein „sollen" enthalten, ins Englische. Frage dich: Geht es hier um eine Aufgabe, Vereinbarung, Anweisung? Ist von einer Schicksalsfügung die Rede? Haben wir einen Nebensatz mit Fragewort, oder handelt es sich um eine Entscheidungsfrage?

1. Soll ich ihr sagen, dass du da[1] bist? ____________________

____

2. Dave sollte mir gestern meine CDs zurückgeben, aber er hat es nicht getan[2]. ____________________

____

____

[1] *da* = here

[2] he didn't

[1] at that time; [2] rivals

3. Niemand wusste damals[1], dass wir bald Rivalen[2] werden sollten. ________

____

4. Soll mein Mann Sie abholen? ________________________

____

[3] get

5. Wir waren (uns) nicht sicher, wie wir nach Hause kommen[3] sollten. ______

____

6. Wir sollen uns im Café treffen. ________________________

____

[4] be murdered

7. Zwei Wochen später sollte der Präsident ermordet werden[4]. __________

____

8. Kannst du mir sagen, welchen Zug ich nehmen sollte? __________

____

Beachte auch die folgenden **Frageformen**:

Is that supposed to be a joke?
Soll das ein Witz sein?

What am I (supposed) to do?
Was soll ich machen?

Bevor wir noch einmal die wichtigsten Bedeutungen von „sollen“ üben, fassen wir sie in einer Tabelle zusammen.

sollen

sollen		
Was drückt „sollen“aus?	Umschreibungen	englische Entsprechungen
höfliche Aufforderung	Ich möchte, dass du … Du solltest eigentlich … Es wäre besser, wenn du …	*should* *ought to*
Gerücht oder Behauptung	Man sagt(e), dass … Es heißt (hieß), dass … Angeblich …	*(to) be said to* *(to) be supposed to*
Absicht	Es wird (wurde) … beabsichtigt, dass … … hat(te) die Absicht, … zu …	*(to) be intended to* *(to) be meant to*
Aufgabe, Anweisung, Vereinbarung	Man hat mir gesagt, ich soll (sollte) … Es war vereinbart, dass ich … Ich habe (hatte) die Anweisung, …	*(to) be to* *(to) be supposed to*
Schicksalsfügung	Es ergab sich, dass … Später …	*(to) be to*

Nicht zu vergessen:	
Bei Entscheidungsfragen („ja“ oder „nein“), wenn „Möchtest du, dass …“ als Einleitung stehen kann	*shall* (bei: *I, we*) *should*
Nebensätze mit Fragewort + „sollen“	Infinitivkonstruktion

Übung C 11

In dieser Übung findest du alle Möglichkeiten von „sollen“.
Setze die richtige englische Entsprechung von „sollen“ ein. Manchmal sind mehrere Antworten möglich.

1. The opinion poll[1] ______________________ *(sollte)* show what people thought of the Government's plans to raise taxes.

2. I ______________________ *(hätte … sollen)* remembered that you were coming today.

[1] *Meinungsumfrage*

3. Nobody could have guessed that evening that Brenda and Roy ____________ ____________ *(sollten)* get married just two weeks later.

4. ________________________ *(Soll)* I ask Mr Baxter to wait outside?

5. Carol's dad ________________________ *(soll)* be in prison at the moment.

6. You ________________________ *(solltest)* take more exercise – then you'd soon lose weight!

7. I don't know which tie ________________________ *(ich tragen sollte)*.

8. The men ________________________ *(sollten)* come and collect my old washing machine this morning, but they didn't turn up.

Übung C 12

What is the key to happiness?

Was würdest du Hägar antworten? Verwende möglichst viele Hilfsverben.

Eine mögliche Antwort wäre:
You should do anything you do wholeheartedly. …

Zum Schluss des Kapitels müssen wir noch zwei weitere Hilfsverben erwähnen, nämlich **„mögen“** und **„wollen“**. Beide können aber recht kurz besprochen werden.

5. Mögen

„Mögen" wird im Englischen mit ***(to) like, would like to*** ausgedrückt.

I'd like to talk to the boss.
Ich möchte mit dem Boss sprechen.

„Mögen" wird aber auch einräumend im Sinne von „können" verwendet: „Das mag sein." = „Das kann schon sein." In solchen Fällen heißt es: ***may***.

That may be so.
Das mag sein.

He may be very intelligent, but he's also very rude.
Er mag sehr intelligent sein, aber er ist auch sehr unhöflich.

6. Wollen

„Wollen" wird von deutschen Schülern oft mit *will* oder *would* übersetzt. Tatsächlich aber bedeutet „wollen" im Sinne von „wünschen" ***(to) want to***.

I want to go home.
Ich will nach Hause.

Do you want to tell her or should I?
Willst du es ihr sagen, oder soll ich?

Im Sinne von „willens sein" wird *will/would* verwendet, aber auch dann fast nur in der Verneinung (= sich weigern).

He won't tell us where the key is.
Er will uns nicht sagen, wo der Schlüssel ist. (Er weigert sich, uns zu sagen, …)

My car just wouldn't start.
Mein Auto wollte einfach nicht anspringen. (Das Auto wird fast als Mensch betrachtet – es „weigerte sich", machte nicht mit.)

Bei Vorschlägen in Frageform in der 1. Person Plural: „Wollen wir …?" nimmt man im Englischen ***shall***.

Shall we go to the pictures?
Wollen wir ins Kino gehen?

Rätsel Wir wollen diese letzten zwei Verben vor dem Abschlusstest nicht extra üben, denn du hast jetzt eine Pause verdient. Du kannst dich deshalb zur Abwechslung einmal mit einem ***Logic Problem*** beschäftigen. Ein solches Rätsel ist in Großbritannien und in den USA sehr beliebt. Wenn du den ersten Band dieser „mentor Lernhilfe" zur Grammatik 9./10. Klasse schon besitzt, kennst du dieses Rätsel ja schon. Für alle anderen wollen wir noch einmal erklären, worum es sich dabei handelt und wie man es löst.

Ein *Logic Problem* ist ein Rätsel, in dem man mithilfe von bestimmten Hinweisen oder Aussagen ***(clues)*** und einer dazugehörigen Tabelle ***(chart)*** bestimmte Zusammenhänge herausfinden kann.

Hier ist unser erstes Beispiel, an dem wir dir das System erklären wollen: Gegeben sind drei Vornamen: *Patrick, Molly, Nicole,* drei Nachnamen: *Davis, Nevin, Weir* und drei Monatsnamen: *January, February, August.* Mithilfe von drei *clues* kannst du nun feststellen, welcher Vorname zu welchem Nachnamen gehört und in welchem Monat die einzelnen Personen geboren sind.

Die ***clues***:

1. *Mr Nevin was not born in January.*
2. *The person called Davis was born in the second half of the year.*
3. *Molly was born over 6 months before Mrs Davis.*

Du musst nun alle Aussagen, die in den *clues* gemacht werden, genau untersuchen und deine Ergebnisse in die *chart* eintragen. Bei einer Ja-Aussage, also, wenn etwas zutrifft, musst du ein „✓" in das entsprechende Feld der *chart* eintragen, bei einer Nein-Aussage ein „**✗**".

Im ersten *clue* heißt es: *Mr Nevin ...*; daraus folgt ein ✓ in das Feld *Patrick/Nevin*, denn die anderen beiden sind weibliche Vornamen.

Du darfst nun nicht vergessen, ausgehend von dem ✓, jeweils waagerecht und senkrecht Kreuze (**✗**) zu machen, denn *Patrick* kann ja logischerweise nicht mehr *Weir* oder *Davis* heißen und *Nevin* kann auch nicht mehr die Vornamen *Nicole* oder *Molly* haben. Es gilt immer: Wenn du ein ✓ machen kannst, musst du davon ausgehend waagerecht und senkrecht Kreuze (**✗**) machen.

Es geht weiter mit *clue 1*: *... was not born in January*; da also *Patrick Nevin* nicht im Januar geboren wurde, kommt jeweils ein **✗** in die Felder *Nevin/January* und *Patrick/January*. Deine Tabelle muss also jetzt wie folgt aussehen:

	Nevin	Weir	Davis	January	February	August
Patrick	✓	✗	✗	✗		
Nicole	✗					
Molly	✗					
January	✗					
February						
August						

Versuche nun einmal, mithilfe von *clue 2* und *clue 3* das Rätsel zu lösen. Die richtige Lösung findest du zur Kontrolle im Lösungsteil.

Mit deinen neu erworbenen Kenntnissen kannst du dich ans Werk machen und das folgende *Logic Problem* allein „knacken".

Drei Personen *(David, Sarah, Trevor)* kaufen drei Bücher (über Fußball, Squash, Pferde) für £5, £6.50 und £11.50.
Finde heraus, wer welches Buch gekauft hat und wie viel es gekostet hat.

Clues:

1. *David's book was cheaper than Sarah's.*
2. *The book about squash did not cost £5.*
3. *One of the boys was given a book about horses.*
4. *Sarah's book did not cost £6.50.*
5. *The book about football was not given to a girl.*
6. *Sarah's book was £5 dearer than Trevor's.*
7. *The book which costs £6.50 is about football.*

	football	squash	horses	£5	£6.50	£11.50
David						
Sarah						
Trevor						
£5						
£6.50						
£11.50						

Solution:

Name	Book	Price

Abschlusstest

a) Zum Auftakt des Abschlusstests eine Übung, in der die unterschiedlichen unvollständigen Hilfsverben gemischt vorkommen.
Übersetze die in Deutsch angegebenen Teile des folgenden Leserbriefs an eine englische Zeitung. Der Brief stammt von einem frustrierten Jugendlichen.

I'm fed up!

________________ *(Man darf nicht)* turn the heating up, because that wastes oil. ________________ *(Man sollte nicht)* drive a car, because that kills the poor trees. ________________ *(Man muss)* save up all your old paper just to help the trees. ________________ *(Man sollte)* use unleaded petrol, because that helps the trees, too, and ________________ *(es soll „gesund" sein).* ________________ *(Man sollte nicht)* play loud music, as noise is a sort of environmental pollution[1]. In winter ________________ *(darf man nicht)* put salt on the pavements, as it pollutes the soil[2], ________________ *(aber man darf)* fall on your backside! ________________ *(Man sollte keine Bonbons essen)*, as they rot[3] your teeth. ________________ *(Man darf nicht)* put too much butter on your bread, as that ________________ *(kann)* lead to cancer[4]. ________________ *(Man sollte nicht rauchen)*, as that can seriously damage your health. ________________ *(Man darf nicht)* drink alcohol, as it destroys your brain cells[5]. ________________ *(Man sollte nicht)* sit out in the sun too long, as that ________________ *(kann)* lead to skin cancer. ________________ *(Man darf nicht)* swim

[1] *Umweltbelastung*
[2] *Erde, Erdreich*
[3] *verfaulen lassen*
[4] *Krebs*
[5] *Gehirnzellen*

in the river, as it's too polluted[1]. ______________________________

(Das mag alles sehr wichtig sein), but I ask you, ______________________

______________________ *(was darf man heute [überhaupt noch] tun)*?

[1] *verschmutzt, verunreinigt*

b) Zu guter Letzt ein Ausschnitt aus einem Gespräch zwischen zwei vom Schulstress geplagten Jungen. Rudi bekommt Besuch aus England. Er versucht seinem Freund Jonathan klarzumachen, warum die englischen Schulkinder es besser haben als die deutschen.

Rudi: You're lucky in England. You ________________ *(müsst nicht)* get up till 8 o'clock. We ______________ *(müssen)* be in school for 8 o'clock.

Jonathan: Yes, but you ________________ *(dürft)* go home at 1 o'clock. You have the whole afternoon free.

Rudi: You ______________ *(musst)* be joking. We ______________ *(müssen)* do homework in the afternoon. We ______________ *(können nicht)* just go out and do what we want.

Jonathan: That's nothing! We ________________ *(müssen)* stay at school till 4 o'clock, and then we ____________________ *(müssen)* do our homework in the evening – and at the weekends!

Rudi: You _____________ *(musst)* be very clever if you do nothing but work all day! I __________ _________ *(kann nicht)* believe that you just work – you ____________ *(musst)* have a lot more sport and easy subjects than we have.

Jonathan: That would be nice, but we get 2 hours of sport a week, and we ____________________ *(dürfen nicht)* go swimming, as we don't have a swimming pool in the school, and the public pool is too far away. And we don't have any 'easy' subjects, either. We _________ *(müssen)* do tests in every subject, even religion.

Rudi: That ____________________ *(mag sein)*. But you English have still got it better.

Jonathan: Why?

Rudi: Your teachers ____________________ *(dürfen)* go on strike!

Lassen

D

Nach dem recht langen Kapitel über die Hilfsverben folgt nun ein kurzes über die verschiedenen englischen Entsprechungen von **„lassen"**.

1. Lassen = *(to) let* gegenüber *(to) leave*

Es wird dir doch sicher auch schon so gegangen sein, dass du *(to) let*[1] und *(to) leave*[2] verwechselt hast. Das brauchte eigentlich nicht zu sein, denn der Unterschied lässt sich fast immer klar erkennen.

[1] (to) let *ist ein unregelmäßiges Verb:* to let, let, let; [2] *auch* (to) leave *ist unregelmäßig:* to leave, left, left

Regel

(to) let bedeutet „lassen" im Sinne von „erlauben; zulassen". Folgende Konstruktion musst du verwenden: *(to) let* + Objekt + Infinitiv ohne *to*

Let your sister go to the cinema with you.
Lass doch deine Schwester auch mit ins Kino gehen! (= Erlaube ihr, ... mitzugehen.)

Friends of my parents let us use their holiday chalet in Switzerland every year.
Freunde meiner Eltern lassen uns jedes Jahr ihr Ferienhaus in der Schweiz benützen. (= erlauben uns, ... zu benützen.)

Regel

(to) leave heißt „lassen" im Sinne von „zurücklassen; (etwas) so lassen, wie oder wo es ist bzw. war".

They left the window open.
Sie haben das Fenster offen gelassen. (= so, wie es war)

I left my homework at home.
Ich habe meine Hausaufgaben zu Hause gelassen. (= zurückgelassen, wo sie waren)

Daneben gibt es bei *(to) leave* die folgende Konstruktion:

(to) leave (+ Objekt) + Partizip Präsens (*ing*-Form).

He always leaves his books lying around.
Er lässt seine Bücher immer herumliegen.

Im Passiv kommt die Konstruktion besonders häufig vor:

The dog was left sitting outside in the rain.
Man ließ den Hund draußen im Regen sitzen.

Übung D1

(to) let oder ***(to) leave***? Setze das richtige englische Verb ein. Achte dabei aber auch auf die Zeit, und denke daran, dass beide unregelmäßige Verben sind.

1. __________ me have a look!
2. Where did you __________ the tapes[1]? I __________ them lying on the table.
3. __________ me alone!
4. Does your sister __________ you use her make-up?
5. __________ the door open – it's far too stuffy[2] in here.
6. My mum __________ me try out her new car last night – it was super.
7. Brian broke his arm yesterday, but he says he doesn't __________ little things like that worry him.
8. We were __________ standing outside while Emma made a long phone call.

[1] *Kassetten*

[2] *die Luft ist viel zu stickig*

2. Lassen = erlauben gegenüber lassen = veranlassen

D

„Lassen" im Sinne von **„erlauben; zulassen"** wird oft mit **„lassen"** im Sinne von **„zwingen; veranlassen; dazu bringen"** verwechselt.

Für die erste Bedeutung musst du dir die folgenden Konstruktionen merken:

Regel

Bei „lassen" im Sinne von „erlauben; zulassen" gibt es drei mögliche englische Übersetzungen:

a) *(to) let* + Objekt + Infinitiv ohne *to*
b) *(to) allow* + Objekt + Infinitiv mit *to*
c) *(to) permit* + Objekt + Infinitiv mit *to*

Philip let me use his cassette recorder when mine was broken.
Philip ließ mich seinen Kassettenrecorder benützen, als meiner kaputt war. (= erlaubte mir, … zu benützen)

My dad doesn't allow me to play with his computer.
Mein Vater lässt mich nicht mit seinem Computer spielen. (= erlaubt mir nicht, … zu spielen)

Permit me to help you.
Lassen Sie mich Ihnen helfen. (= Gestatten Sie, dass ich … helfe)

(to) let und *(to) allow* sind die Wörter, die du üblicherweise verwenden solltest. *(to) permit* dagegen ist sehr formal und entspricht eher „gestatten" als „lassen"; es kommt als Übersetzung von „lassen" nicht so häufig vor.

!

Im Passiv ist *(to) let* nicht möglich. Man nimmt *(to) allow* oder (seltener) *(to) permit*. Beachte, dass das englische Passiv im Deutschen oft mit „man" ausgedrückt wird.

We were not allowed (permitted) to play in the garden.
Man ließ uns nicht im Garten spielen. (Wir durften nicht im Garten spielen.)

TIPP

Am besten nimmst du *(to) let* im Aktiv und *(to) allow* im Passiv.

Und nun zur zweiten Bedeutung von **„lassen"**, und zwar:

Regel

Bei „lassen" im Sinne von „(jemanden) dazu bringen, etwas zu tun; zwingen; veranlassen" gibt es im Englischen ebenfalls drei Möglichkeiten:

a) *(to) have* + Objekt + Infinitiv ohne *to*
b) *(to) make* + Objekt + Infinitiv ohne *to*
c) *(to) force* + Objekt + Infinitiv mit *to*

a) ***(to) have someone do something*** ist ziemlich neutral – „jemanden etwas machen lassen"; es wird meist mit *will ('ll)* oder *would* verbunden. Häufig besteht ein Rangunterschied zwischen dem, der etwas machen lässt, und dem, der es ausführt.

I will (I'll) have the porter fetch your luggage.
Ich werde den Boy Ihr Gepäck holen lassen.

b) ***(to) make someone do something*** ist stärker als *(to) have someone do something*, es wird etwas Druck ausgeübt.

My brother makes his girlfriend do his homework for him.
Mein Bruder lässt sich die Hausaufgaben von seiner Freundin machen.

c) ***(to) force someone to do something*** ist noch stärker – „jemanden zwingen, etwas zu machen".

They forced us to eat raw onions.
Sie ließen uns rohe Zwiebeln essen.
(Man zwang uns, rohe Zwiebeln zu essen.)

TIPP

Am besten nimmst du *(to) make*, wenn ein Druck oder leichter Zwang ausgeübt wird, und *(to) have*, wenn kein Druck vorhanden ist.

Regel

Im Passiv gibt es allerdings nur zwei Möglichkeiten (*to have* fällt weg):
(to) be made to …
(to) be forced to …
Im Passiv wird *(to) make* also mit dem Infinitiv mit *to* verbunden!

We were made to walk the whole way.
Man ließ uns die ganze Strecke zu Fuß gehen. (= Wir mussten die ganze Strecke zu Fuß gehen.)

Das waren recht viele Regeln auf einmal. Es wird also höchste Zeit, sie in einer Übersetzungsübung anzuwenden. In den Sätzen, in denen die Bedeutung von „lassen" auf den ersten Blick nicht ganz eindeutig ist, haben wir eine Übersetzungshilfe in Klammern angegeben.

Übung D 2

1. Unser Hund lässt keine Fremden[1] in die Wohnung. ______________________________

____

____

[1] strangers

2. Meine Mutter lässt mich meine schmutzigen Socken selbst[2] waschen. (… verlangt, dass …) ______________________________

____

[2] my own dirty …

3. Ich lasse[3] meine Sekretärin den Brief schnell abtippen[4]. ______________________________

____

[3] will – *Futur;* [4] type

4. Bei[5] der Klassenfahrt[6] ließ man die Schüler bis Mitternacht Karten spielen. (… durften die Schüler …) ______________________________

____

____

[5] on; [6] class outing

5. Unser Nachbar lässt uns manchmal seinen Swimmingpool benützen.

____

____

6. Beim Sport[7] heute ließ man uns 10 Kilometer laufen. (… mussten wir …)

____

____

[7] At sport

D 3. Lassen = andere etwas machen lassen

Es geht weiter mit einer anderen Bedeutung von „lassen".

Regel

„(Andere) etwas machen/erledigen lassen" drückt man im Englischen so aus:
(to) have something done
(to) get something done

Bei ähnlichen Konstruktionen steht statt *done* das *Past Participle*[1] des entsprechenden englischen Verbs.

[1] *siehe dazu S. 133*

He had his sick dog put down.
Er ließ seinen kranken Hund einschläfern.

I'll have to have/get the car washed soon.
Ich muss das Auto bald waschen lassen.

Die Konstruktion *(to) have something done* kannst du immer verwenden, die mit *(to) get something done* ist eher Umgangssprache.

Oft wird *for me, you, him, her* usw. hinzugefügt, und zwar meist, wenn man etwas machen lässt, was man normalerweise selbst machen würde oder könnte.

Regel

Immer dann, wenn man im Deutschen hinzufügen könnte „weil er (sie usw.) so faul bzw. bequem ist", muss man im Englischen *for him (her* usw.) ergänzen.

The rich people here even have their cars put in the garage for them every night.
Die reichen Leute hier lassen sogar ihre Autos jeden Abend in die Garage bringen. (weil sie so bequem sind)

Übung D3

Was kann man hier machen lassen? Bilde Sätze nach dem folgenden Muster und übersetze sie dann ins Deutsche.

doctor's: blood pressure, take – You can have your blood pressure taken. – *Man kann den Blutdruck messen lassen.*

1. dentist's: tooth, fill
2. hairdresser's: hair, cut
3. optician's[1]: eyes, test
4. travel agent's: holiday, book

[1] Optiker

Übung D4

Damit du genau weißt, ob du diese letzten Regeln wirklich beherrschst, fügen wir gleich noch eine Übersetzung ins Englische an.

My brother is what I call lazy:

Er lässt sich die[2] Schnürsenkel binden[3].

Er lässt sich die Fingernägel[4] schneiden.

Er lässt sich das Haar waschen.

Er lässt sich sogar die Zähne putzen[5].

[2] *sich die (das): in allen Fällen* = his ...; [3] *die Schnürsenkel binden* = (to) tie one's laces

[3] fingernails

[4] *putzen: hier* = (to) brush

Übung D5

Und nun lass deiner Fantasie einmal freien Lauf. Schreibe eine E-mail an deinen Freund in Amerika und berichte ihm von deinem Hund, den du gerade geschenkt bekommen hast, was er alles kann, was er darf und nicht darf ... Verwende so viele Bedeutungen von lassen (zurücklassen, veranlassen, erlauben, andere etwas machen lassen) wie möglich.

Dear Steve, I have to tell you about my little dog, ...

Zum Abschluss fassen wir die wichtigsten Regeln zu „lassen" in einer Tabelle zusammen:

lassen

lassen	
Was drückt „lassen" aus?	englische Entsprechung
zulassen, erlauben	*(to) let* + Objekt + Infinitiv ohne *to*
zurücklassen; so lassen, wie oder wo es ist	*(to) leave*
veranlassen, zwingen	*(to) have* + Objekt + Infinitiv ohne *to* (kein Zwang) *(to) make* + Objekt + Infinitiv ohne *to* (Druck, Zwang)
(von anderen) etwas machen lassen	*(to) have something done* *(to) get something done* (umgangssprachlich)
zulassen (Passiv)	*(to) be allowed to* *(to) be permitted to*
veranlassen (Passiv)	*(to) be made to* *(to) be forced to*

Übung D6

Was lässt Helga ihren Mann Hägar alles machen? Beginne die Sätze mit „Helga lässt Hägar …". Verwende möglichst viele verschiedene Verben, die „lassen" ausdrücken.

Nun ein paar idiomatische Redewendungen mit „lassen", die du vor dem Abschlusstest auswendig lernen solltest.

Wortliste

stop it	lass das sein
let's just forget about it, then	dann lassen wir es eben
I'm afraid that can't be done	das lässt sich leider nicht machen
I can't stop smoking	ich kann das Rauchen nicht lassen
(to) leave the light on	das Licht brennen lassen
(to) grow a beard	sich einen Bart wachsen lassen
(to) put up with something	sich etwas gefallen lassen
(to) keep someone waiting	jemanden warten lassen
(to) drop something	etwas fallen lassen

Rätsel

Vor dem Abschlusstest aber wieder ein Rätsel. Diesmal sind jeweils zwei Substantive, bestehend aus je drei Buchstaben, ineinander geraten und verschachtelt. Ihre Buchstaben stehen jedoch in der richtigen Reihenfolge. Versuche herauszufinden, um welche Wörter es sich handelt.

Ein Beispiel: BAREMD aus *BED* und *ARM*

CEATAR ______________________ JEDATY ______________________

CAOWIR ______________________ KLEEYG ______________________

DOBOGY ______________________ PSENUN ______________________

EFYLEY ______________________ PSIEGA ______________________

FOAITL ______________________ WEGAYG ______________________

Als Steigerung einige Wörter mit jeweils vier Buchstaben.

BAGLAMEL ______________________ NARAMIEN ______________________

COPALATN ______________________ SARLICTE ______________________

FABICRED ______________________ SHAHIROE ______________________

FISOSUHP ______________________ SIDIZEEA ______________________

HLOAMURP ______________________ SYHIEPAR ______________________

Abschlusstest

Übersetze:

Auf in den Skiurlaub!

Tim ruft Bob an:

[1] *nun doch* = after all

[2] ski-bindings; [3] *einstellen* = (to) adjust; [4] (to) wax

[5] it's great

[6] (to) clear away; [7] at

Tim: Hallo Bob. Meine Eltern lassen mich nun doch[1] mit euch in den Skiurlaub fahren. Jetzt muss ich schnell meine Skibindung[2] einstellen[3] lassen und alles packen. Hast du deine Ski wachsen[4] lassen, oder lässt du sie, wie sie sind? Lass dein Snowboard nicht zu Hause.

Bob: Super[5], dass du mit uns mitkommst. Wie hast du das denn geschafft?

Tim: Ich habe alles getan, was meine Mutter wollte. Sie ließ mich den Keller aufräumen, mein Zimmer staubsaugen, das Auto waschen und ich musste einkaufen gehen, aber jetzt ist sie zufrieden.

Bob: Lässt du mich dann auch einmal dein neues Snowboard ausprobieren?

Tim: Sicher. Wenn du mich nicht wieder den ganzen Schnee alleine wegräumen[6] lässt und uns beim[7] Abendessen warten lässt – o.k.! Also bis morgen. Tschüss.

By now they've learnt so much that ...

Simple Past und *Present Perfect*

E

Vielen Englischlernenden fällt es schwer, sich zwischen dem ***Simple Past*** und dem ***Present Perfect*** zu entscheiden, denn das **deutsche Perfekt** „ich habe sie angerufen" und das **englische *Present Perfect*** *I have phoned her* klingen zum Verwechseln ähnlich.
Nur selten jedoch ist eine solche wörtliche Übersetzung wirklich richtig.

Halten wir zunächst einmal fest:

Regel

> Das *Simple Past* im Englischen entspricht **nicht** einfach dem deutschen Imperfekt, und das *Present Perfect* ist nicht das Gleiche wie das deutsche Perfekt.

Beginnen wir mit einer Wiederholung der Regeln zur Bildung der beiden Zeiten:

1. Bildung des *Simple Past*

Wir gehen davon aus, dass du weißt, wie man das *Simple Past* bildet.
Die Grundregel lautet – du erinnerst dich – ***-ed*** wird an die Grundform des Verbs angehängt. Es gibt natürlich auch Ausnahmen, diese werden in Kapitel G auf den Seiten 126ff. behandelt. Sollte dir die folgende Übung Schwierigkeiten bereiten, dann solltest du dieses Kapitel vorher durcharbeiten.

Übung E1

Bilde die entsprechende Form des *Simple Past*, aber Vorsicht: Wir haben einige Ausnahmen in diese Übung eingebaut!

1. to drop ____________________
2. to employ ____________________
3. to remove ____________________
4. to stay ____________________
5. to gather ____________________
6. to cry ____________________
7. to agree ____________________
8. to occur ____________________

9. to permit ______________________ 11. to help ______________________

10. to marry ______________________ 12. to realize ______________________

Wie im Deutschen gibt es auch im Englischen eine Reihe so genannter unregelmäßiger Verben. Sie bilden das *Simple Past* auf unterschiedliche Weise und müssen einfach auswendig gelernt werden. (In den Listen mit den unregelmäßigen Verben ist das *Simple Past* übrigens die 2. Form: *to give – gave – given.*) Prüfe nun, ob du mit folgenden wichtigen unregelmäßigen Verben auch wirklich vertraut bist.

Übung E 2

Bilde das *Simple Past* der folgenden Verben.

1. to buy ______________________ 11. to know ______________________

2. to sleep ______________________ 12. to catch ______________________

3. to understand ______________________ 13. to become ______________________

4. to sit ______________________ 14. to bring ______________________

5. to drink ______________________ 15. to have ______________________

6. to go ______________________ 16. to make ______________________

7. to do ______________________ 17. to meet ______________________

8. to tell ______________________ 18. to put ______________________

9. to see ______________________ 19. to stand ______________________

10. to speak ______________________ 20. to win ______________________

Wenn du mehr als vier Fehler gemacht hast, solltest du die Liste mit den unregelmäßigen Verben auf S. 166ff. dieses Buches gut durcharbeiten.

Kurz zur Erinnerung:

! Beim *Simple Past* gibt es kein *-s* in der 3. Person im Gegensatz zum *Simple Present*. Es heißt zwar *I work – she works*; aber: *I worked – she worked.*

Bei der Bildung der Frage im *Simple Past* können wir wieder von Bekanntem ausgehen.

2. Bildung der Frage und Verneinung im *Simple Past*

E

Regel

Die Frageform lautet im *Simple Past* bei allen Vollverben außer *(to) be*:
did + Subjekt + Grundform des Verbs.

Did the Patersons stay long last night?
Sind die Patersons gestern Abend noch lange geblieben?

Did you enjoy the party on Saturday?
Hast du dich am Samstag auf der Party gut amüsiert?

Regel

Beim Verb *(to) be* wird die Frageform im *Simple Past* durch einfache Umstellung wie im Deutschen gebildet, und zwar ganz egal, ob *(to) be* als Hilfsverb oder Vollverb verwendet wird.

Were you tired when you got home?
Warst du müde, als du nach Hause gekommen bist?

Was David at the youth club last night?
War David gestern Abend im Jugendklub?

Were you allowed to stay up till midnight when you were 15?
Hast du bis Mitternacht aufbleiben dürfen, als du 15 warst?

Eine wichtige **Ausnahme** zu den beiden vorangegangenen Regeln musst du dir unbedingt merken:

Regel

Ist das Fragewort (z. B. *who, which, what*) Subjekt oder Teil des Subjekts des Satzes, dann gibt es keine Konstruktion mit *did* bzw. keine einfache Umstellung. Die Frageform lautet also:
Fragewort + Subjekt + *Simple Past*

Diese Regel gilt übrigens für alle Zeitformen.

Vergleiche einmal die beiden Sätze, und frage wieder „Wer?“ oder „Wen?“:

Which skirt suited me best?	Welcher Rock stand mir am besten? Welcher?, also Nominativ = Subjekt
Which skirt did you like best?	Welchen Rock hast du am liebsten gemocht? Welchen?, also Akkusativ = Objekt

Im ersten Satz bildet *which* einen Teil des **Subjekts *which skirt***; deshalb heißt es im Deutschen „welch**er** Rock“. Im Englischen gibt es darum keine Umschreibung mit *(to) do*.

Im zweiten Beispiel dagegen ist *which* Teil des **Objekts *which skirt***; im Deutschen heißt es also „welch**en** Rock“. Subjekt des zweiten Satzes ist *you*. Die Umschreibung mit *(to) do* ist deshalb in einem solchen Satz notwendig.

! *Who* kann sowohl Subjekt („wer“: keine Umschreibung mit *(to) do*) als auch Objekt eines Satzes sein („wen“: Umschreibung mit *(to) do*). Hier ist das Fragen wohl nicht schwer!

Who went to the disco with you last night?	Wer ging mit dir gestern Abend in die Disko? Nominativ = Subjekt
Who did you see at the disco last night?	Wen hast du gestern Abend in der Disko gesehen? Akkusativ = Objekt

Hier eine Übung mit Fragewörtern.

Übung E3

Die folgenden 10 Sätze sind Antworten zu Fragen aus der beliebten Quiz-Sendung *„Family Quiz Time"*. Die dazugehörigen Fragen kannst du von den Antworten her erschließen. Aber Vorsicht! Vergiss nicht, dass die Grundform des Verbs bei unregelmäßigen Verben meist anders lautet als das *Simple Past*.

Hier ein Beispiel, wie du die Fragen bilden sollst:

Frage: Where did the 1972 Olympic Games take place?

Antwort: The 1972 Olympic Games took place in Munich.

Ein letzter Hinweis: Manchmal sind mehrere Fragen möglich!

1. Antwort: Charles Dickens wrote "Bleak House".
2. Antwort: Mozart was born in 1756.
3. Antwort: Hot-air balloons first appeared in 1783.

4. Antwort: London University was the first university in Britain to offer degrees to women.
5. Antwort: General Franco came to power after the Spanish Civil War.
6. Antwort: Alexander Graham Bell invented the telephone.
7. Antwort: Abraham Lincoln was born in Kentucky.
8. Antwort: The treaty which ended the Thirty Years' War was the Peace of Westphalia.
9. Antwort: The Quebec Bridge collapsed twice before it was completed in 1917.
10. Antwort: Napoleon spent the last 6 years of his life on St. Helena.

Nach der Fragebildung gehen wir nun auf die **Bildung der Verneinung** ein.

Regel

[1] *seltener:* did not

Die Verneinung des Vollverbs im *Simple Past* wird gebildet:

Subjekt + *didn't*[1] + Grundform des Verbs.

He didn't know what to do.
Er wusste nicht, was er tun sollte.

I didn't (zur Betonung: *did not*) *steal the money.*
Ich habe das Geld nicht gestohlen.

Wie bei der Frageform bildet das Verb ***(to) be*** auch hier eine **Ausnahme**.

Regel

Bei *(to) be* wird *not* bzw. *…n't* an das Verb angefügt.

I wasn't (zur Betonung: *was not*) *last in the race – Jason was!*
Ich kam nicht als Letzter ins Ziel – Jason war's!

Regel

Bei der verneinten Frage im *Simple Past* wird meistens die folgende Konstruktion gewählt:

didn't + Subjekt + Grundform des Verbs.

Didn't you see that car?
Hast du das Auto nicht gesehen?

Didn't he have any money?
Hatte er kein Geld?

Mit Fragewort:

Why didn't Sally tell you that we were coming?
Warum hat dir Sally nicht gesagt, dass wir kommen?

Regel

Beim Verb *(to) be* erfolgt bei der verneinten Frage eine einfache Umstellung wie bei der normalen Frageform. Zusätzlich wird *not* bzw. *…n't* an das Verb angefügt.

Weren't you surprised when he spoke to you?
Warst du nicht überrascht, als er dich angesprochen hat?

Jetzt ist es höchste Zeit, die Regeln in einer Übung anzuwenden.

Übung E 4

Bilde die Verneinung der folgenden Sätze. Bei Sätzen mit mehreren Teilen muss nur der unterstrichene Teil verneint werden.

1. I had a bath last night. ______________________

2. Why did they ask you to help them? ______________________

____

3. Jonathan did his homework very well yesterday. ______________________

____

4. We were able to catch a glimpse of David Doberman, the famous actor.

____

____

5. Which of the boys liked the cake? ______________________

____

6. <u>Were you frightened</u> when you saw the lorry coming towards you?

____

____

7. We wanted to give you a surprise. ______________________

____

8. Which of the books did you enjoy reading? ______________________

____

9. We tried to repair the car ourselves. ______________________

____

____

____

____

10. <u>We had an argument</u> last night, which was very unusual. ______________________

____

Nachdem wir uns ausführlich mit dem *Simple Past* beschäftigt haben, kommt das Gleiche beim ***Present Perfect*** auf uns zu.

E 3. Bildung des *Present Perfect*

Das ***Present Perfect*** wird zusammengesetzt aus: ***have/has + Past Participle*** des Verbs.

I have helped; she has said; we have been; they have noticed.

Bei den regelmäßigen Verben ist das *Past Participle* von der Form her mit dem *Simple Past* identisch (d. h. *-ed* wird an die Grundform des Verbs gehängt).

Die unregelmäßigen Verben haben wiederum unterschiedliche Formen des *Past Participle*, die du auswendig lernen musst.

Das *Past Participle* ist die dritte Form in der Verbliste am Ende dieses Buches, z. B. *to drink, drank,* ***drunk***. Sieh dir diese Liste noch einmal genau an, bevor du dich an die nächste Übung heranwagst.

Übung E5

Hier kannst du nun deine Kenntnisse über das *Past Participle* spielend überprüfen. Du findest unten eine Tabelle mit 100 Buchstaben. In dieser Tabelle ist 23-mal ein *Past Participle* versteckt, und zwar entweder von links nach rechts gelesen, von oben nach unten oder auch diagonal von links oben nach rechts unten. Wir geben dir ein Beispiel, und zwar findest du von E6 bis G8 das Wort *RUN*. Und nun viel Spaß beim Suchen.

	1	2	3	4	5	6	7	8	9	10
A	E	N	T	E	R	E	D	E	S	L
B	X	B	R	B	E	E	N	G	T	E
C	E	B	E	A	T	E	N	O	O	N
D	R	O	E	T	U	S	E	D	L	T
E	C	I	B	O	R	R	O	W	E	D
F	I	A	C	F	N	Y	U	A	N	O
G	S	M	U	E	E	H	M	N	D	N
H	E	L	T	G	D	L	E	T	O	E
I	D	R	A	N	H	O	T	E	L	L
J	A	S	K	E	P	T	I	D	L	T

4. Bildung der Frage und Verneinung im *Present Perfect*

E

Auch zum *Present Perfect* drei Regeln zu Frageform, Verneinung und der verneinten Frage.

Regel

Bei der Frageform im *Present Perfect* gibt es folgende Konstruktion:
has/have + Subjekt + *Past Participle* des Verbs.

Has your mum seen your new hairstyle yet?
Hat deine Mutter deine neue Frisur schon gesehen?

Have you read Jeremy's letter?
Hast du Jeremys Brief gelesen?

Regel

Die Verneinung im *Present Perfect* wird wie folgt gebildet:
Subjekt + *hasn't/haven't*[1] + *Past Participle* des Verbs.

[1] *seltener und meist zur Betonung* has not/have not

I haven't spoken to Pamela for ages.
Ich habe eine Ewigkeit nicht mehr mit Pamela gesprochen.

Zur Verstärkung wird *not* häufig durch *never* ersetzt:

I have never seen this man before in my life.
Ich habe diesen Mann noch nie in meinem Leben gesehen.

Regel

Bei der verneinten Frage ist diese Konstruktion die üblichste:
hasn't/haven't + Subjekt + *Past Participle* des Verbs.

Hasn't he passed his driving test yet?
Hat er den Führerschein noch nicht gemacht?

Haven't you had lunch yet?
Habt ihr noch nicht zu Mittag gegessen?

Übung E 6

Hierzu eine Übung.
Bilde a) die Frageform, b) die Verneinung und c) die verneinte Frage der folgenden Sätze:

Beispiel: I have been very busy.

a) Have you been very busy?
b) I haven't been very busy.
c) Haven't you been very busy?

1. Debbie has told Frank the bad news.
2. I have seen that film before.
3. Robin has fixed his bike.
4. Sarah has finished doing her homework.
5. Jane has forgotten her umbrella.

Nun aber doch endlich zum Hauptthema dieses Kapitels, nämlich dem **unterschiedlichen Gebrauch** von *Simple Past* und *Present Perfect*.

Wie wir bereits zu Beginn erwähnt haben, muss man beide Zeiten streng unterscheiden, denn sie werden nicht wie das Imperfekt (z. B. er ging) bzw. das Perfekt (z. B. er ist gegangen) im Deutschen verwendet. Beginnen wir mit dem *Simple Past*.

E 5. Gebrauch des *Simple Past*

Regel

> Das *Simple Past* wird bei Vorgängen und Handlungen verwendet, die in der Vergangenheit geschehen und abgeschlossen sind und keinen Bezug zur Gegenwart haben.
> Es ist dabei egal, ob im Deutschen das Imperfekt oder das Perfekt steht.

Es gibt eine Reihe so genannter **Signalwörter**, an denen man erkennen kann, ob der Vorgang in der Vergangenheit stattgefunden hat. Es sind **bestimmte Zeitangaben der Vergangenheit** bzw. es können auch **Nebensätze der Zeit** sein.

Hier eine kleine Liste zum Merken:

Wortliste

yesterday	gestern
the day before yesterday	vorgestern
last week/month/year etc.	letzte Woche/letzten Monat/ letztes Jahr usw.
a minute/week/day etc. *ago*	vor einer Minute/Woche/einem Tag usw.
in 1801/1975/1997 etc.	im Jahre 1801/1975/1997 usw.
on Monday/Tuesday etc.	am Montag, Dienstag usw.
at 3 o'clock etc.	um 3 Uhr usw.
during (the First World War/ my holidays etc.)	während (des 1. Weltkriegs/ meiner Ferien usw.)
When did you …? (Fragewort)	Wann bist du …?
When I was a young boy, … (Konjunktion; leitet Nebensatz ein)	Als ich ein kleiner Junge war, …
When I was in America, ..	Als ich in Amerika war, …

Where were you when the accident happened?
Wo warst du/bist du gewesen, als der Unfall passierte/passiert ist?

It was a really lovely day yesterday.
Es war gestern ein wirklich schöner Tag!

I got to know Mrs Sutcliffe five years ago.
Ich habe Mrs. Sutcliffe vor fünf Jahren kennen gelernt.

Der Begriff „Bezug zur Gegenwart" kann manchmal verwirren. Im letzten Beispiel etwa könnte man sagen „Er kennt Mrs. Sutcliffe immer noch" – aber: In diesem Satz geht es um das Kennenlernen selbst, und das fand zu einem bestimmten Zeitpunkt in der Vergangenheit statt. Das Signalwort ***ago*** deutet in einem solchen Fall automatisch auf das *Simple Past.*

Regel

Auch ohne Signalwort muss das *Simple Past* dann gebraucht werden, wenn aus dem Inhalt des Satzes klar ist, dass die Handlung oder der Vorgang in der Vergangenheit abgeschlossen wurde und keine Beziehung zur Gegenwart hat. Das trifft u. a. auf geschichtliche Ereignisse zu:

Mahatma Ghandi started a policy of non-violence.
Mahatma Ghandi begann eine Politik der Gewaltlosigkeit.
(Aus der Geschichte weiß man, dass Ghandi im Jahre 1948 ermordet wurde.)

Shakespeare wrote almost 40 major plays.
Shakespeare hat fast 40 große Dramen geschrieben.
(Jeder sollte wissen, dass Shakespeare das vor einigen Jahrhunderten getan hat.)

I was born in London.

Ich bin in London geboren.

(Obwohl ich noch lebe, ist meine Geburt ja wohl schon etwas länger her – und darauf kommt es hier an!)

I like your car. How much did you pay for it?

Mir gefällt dein Auto. Wie viel hast du dafür bezahlt?

(Es ist klar, dass er üblicherweise zu dem Zeitpunkt für das Auto zahlen musste, als er es bekommen hat, und dieser Zeitpunkt liegt eindeutig in der Vergangenheit.)

E

6. Gebrauch des *Present Perfect*

Das ***Present Perfect*** bildet eine Art Brücke zwischen Vergangenheit und Gegenwart, was auch in der Bezeichnung *Present Perfect* anklingt.

Der Bezug zur Gegenwart kann unterschiedlich stark sein. Wir wollen die drei häufigsten Verwendungsmöglichkeiten aufzeigen, vor allem im Vergleich zum *Simple Past*.

Regel

Das *Present Perfect* bezeichnet Vorgänge oder Handlungen, die zwar in der Vergangenheit stattgefunden haben, deren Ergebnisse aber noch in der Gegenwart zu spüren sind.

I've burnt myself!

Ich habe mich verbrannt!

D. h. der Unfall ist zwar vorbei, aber es tut immer noch weh.

No thanks, I've already had my lunch.

Nein danke, ich habe schon zu Mittag gegessen.

D. h. das Essen fand vor einer Weile statt, aber ich bin immer noch satt und möchte nichts mehr essen.

Oh no, I've forgotten the tickets!

O nein, ich habe die Karten vergessen!

Das Vergessen fand ebenfalls vor einiger Zeit statt, aber das Ergebnis ist in der Gegenwart noch zu spüren – jetzt können sie nicht ins Konzert.

I think I've lost my keys.

Ich glaube, ich habe meine Schlüssel verloren.

Auch hier ist das Verlieren selbst zwar längst vorbei, aber das Ergebnis des Verlierens ist noch zu spüren – sie oder er kommt jetzt nicht ins Auto …

Sobald jedoch im Satz eine bestimmte Zeitangabe der Vergangenheit vorkommt, muss das Verb im ***Simple Past*** stehen:

!

I burnt myself 10 minutes ago and it still hurts!

Ich habe mich vor 10 Minuten verbrannt, und es tut immer noch weh!

Obwohl die Auswirkungen des Missgeschicks ebenfalls noch zu spüren sind, ist die bestimmte Zeitangabe ausschlaggebend für die Wahl der Zeit.

Übung E 7

Setze die richtige Zeitform (*Simple Past* oder *Present Perfect*) in den folgenden Sätzen ein. Begründe deine Entscheidung, z. B. ob das Ergebnis noch spürbar ist oder ob eine bestimmte Zeitangabe der Vergangenheit da ist.

1. I think I ____________________ *(have)* had too much to eat – I feel sick.

   Begründung: ____

2. Someone ____________________ *(steal)* my bike! I ____________________ *(leave)* it here 5 minutes ago.

   Begründung: 1. Satz: ____

   ____

   2. Satz: ____

   ____

3. Oh dear, Jennifer ____________________ *(forget)* to take her sandwiches with her.

   Begründung: ____

4. I'm really tired. I ____________________ *(go)* to bed late last night.

   Begründung: ____

5. You look as if you ____________________ *(just, see)* a ghost!

   Begründung: ____

Es folgt nun die zweite wichtige Anwendungsmöglichkeit des *Present Perfect.*

Regel

Das *Present Perfect* bezeichnet Vorgänge, die zwar in der Vergangenheit abgeschlossen sind, bei denen aber der Zeitpunkt des Geschehens unwichtig ist. Das wird im Deutschen meist durch „schon (mal)" ausgedrückt.

I've seen better films.
Ich habe schon (mal) bessere Filme gesehen.

I've been to Scotland before.
Ich war schon mal in Schottland. / Ich bin schon mal in Schottland gewesen.

In beiden Fällen ist es nicht wichtig, wann die Vorgänge passiert sind, sondern dass sie passiert sind. Der Bezug zur Gegenwart steht zwar nicht im Vordergrund, aber man könnte dennoch sagen „von heute aus gesehen, ...".

Damit dir das alles noch klarer wird, wollen wir dir am Beispiel von vier zusammenhängenden Sätzen zeigen, warum die jeweilige Zeit hier stehen muss.

I went to America with my dad last summer.
Die Signalwörter *last summer* stellen eine bestimmte Zeitangabe dar, die auf das *Simple Past* deutet.

The weather was really terrible.
Die Signalwörter *last summer* beziehen sich immer noch auf diesen Satz (Signalwort im größeren Zusammenhang) – also wieder *Simple Past.*

But at least I can now say I have walked across the Brooklyn Bridge.
Der Vorgang wird jetzt von der Gegenwart aus betrachtet (Signalwort *now*). Man könnte im Deutschen „schon (mal)" hinzufügen – deshalb steht das *Present Perfect.*

And I have seen the Statue of Liberty now.
Wieder von der Gegenwart her betrachtet (Signalwort *now*). Auch hier könnte man im Deutschen „schon (mal)" sagen – also *Present Perfect.*

Übung E8

Nun überprüfen wir einmal, ob du schon alles verstanden hast. Setze die richtige Zeitform ein (*Simple Past* oder *Present Perfect*).

1. ______________________ *(you, ever, be)* to Spain? Yes, I ______________________ *(be)* there when I was ten.

2. I ______________________ *(meet)* his wife. She's very nice.

3. Our team ______________________ *(play)* worse – last August we ______________________ *(lose)* 15–0!

4. I'm sure I ______________________ *(be)* here before, but I can't remember when. – We ______________________ *(be)* here in 1993.

5. How are you? I ______________________ *(feel)* better!

Beim nächsten Fall ist es nicht nur das Ergebnis des Vorgangs, das wichtig ist, sondern der Vorgang selbst, der in der Gegenwart noch zu spüren ist.

Regel

Das *Present Perfect* bezeichnet Vorgänge, Handlungen oder Zustände, die von der Vergangenheit bis in die Gegenwart hineinreichen und evtl. auch noch andauern können.

I have known Mr Miller for six years.
Ich kenne Mr. Miller seit 6 Jahren. (Und ich kenne ihn immer noch …)

I have been here since 9 o'clock.
Ich bin seit 9 Uhr hier. (Und ich bin immer noch hier …)

Solche Sätze enthalten immer eine Zeitangabe; in den deutschen Übersetzungen steht fast immer die Präposition **„seit"**, die im Englischen unterschiedlich ausgedrückt wird, und zwar:

Regel

Since deutet immer auf einen Zeitpunkt (z. B. *4 o'clock, 1950, yesterday* usw.); *for* immer auf einen Zeitraum (z. B. *3 hours, 2 years, 10 seconds* usw.).

Bei ***since*** und ***for*** hilft dir sicherlich auch noch der folgende Tipp:

TIPP

since hat einen Punkt auf dem *i*, und es steht in Verbindung mit einem Zeitpunkt.

Übung E9

for oder *since*?

A holiday postcard

Dear Jenny,

We have been here __________ two weeks now and the weather is wonderful. We haven't had such a nice holiday __________ years. I played tennis this morning, which I haven't done __________ months.

I have been up __________ 6 o'clock because I wanted to watch the sunrise. It was really great. __________ then I have been swimming and reading. I also had a very interesting chat with my friend Sarah. I haven't felt so relaxed __________ ages. __________ I got here I have been meaning to write this card to you. I hope you get it before I'm back.

Love, Susan

Bei der Übersetzung von „seit" ins Englische solltest du beachten:

Regel

„Seit" + Nebensatz (z. B. „Seit ich aufgestanden bin, ...") wird immer mit *since* übersetzt, auch wenn es sich um einen Zeitraum handelt.

Der *since*-Satz kann entweder im *Simple Past* oder im *Present Perfect* stehen, je nach Inhalt des Satzes. Der **Hauptsatz** steht aber immer im ***Present Perfect***:

It has rained every day Hauptsatz	Es hat jeden Tag geregnet,
since we have been here. Nebensatz	seit wir hier sind.

We have known each other since we were children.
Wir kennen uns, seit wir Kinder waren (oder: seit unserer Kindheit).

For kann entweder mit dem *Simple Past* oder mit dem *Present Perfect* stehen und wird dann unterschiedlich übersetzt.

for im Satz mit ***Simple Past*** entspricht dem deutschen **„… lang“**:

I worked at Smith Brothers for 3 years.
Ich habe 3 Jahre lang bei Smith Brothers gearbeitet. (In der Vergangenheit abgeschlossen, deshalb *Simple Past*.)

for im Satz mit ***Present Perfect*** entspricht dem deutschen **„seit …“**:

I have worked at Smith Brothers for 3 years.
Ich arbeite seit 3 Jahren bei Smith Brothers. (… und ich arbeite immer noch da: Bezug zur Gegenwart; also *Present Perfect*.)

Oft werden ***for*** und ***ago*** verwechselt, weil *for* dem deutschen „vor" so ähnlich ist.

Es muss aber heißen:

two years ago
vor zwei Jahren

five hours ago
vor fünf Stunden

for two years
zwei Jahre lang / seit zwei Jahren

for five hours
fünf Stunden lang / seit fünf Stunden

Wichtig ist schließlich:

Bei der Verwendung der Präpositionen *since* und *for* kann auch die Verlaufsform des *Present Perfect*, das *Present Perfect Progressive* stehen, um zu betonen, dass eine Handlung bis in die Gegenwart angedauert hat oder immer noch andauert.

I have been writing this letter for 2 hours.
Ich schreibe diesen Brief schon seit 2 Stunden.

We have been waiting for you since 5 o'clock.
Wir warten schon seit 5 Uhr auf dich!

Im Deutschen steht in solchen Sätzen fast immer das Präsens. Das deutsche **„schon“** wird **nicht mit übersetzt**!
Natürlich geht die Verlaufsform nur bei solchen Verben, die in der Verlaufsform stehen können.[1]

[1] *vgl. S. 118*

Übung E 10

Setze die richtige Zeitform ein (*Simple Past, Present Perfect* oder *Present Perfect Progressive*).

1. It ______________ *(snow)* for hours now.

2. I ______________ *(try)* to contact you since this morning.

3. I ______________ *(like)* that girl ever since I first ______________ *(see)* her.

4. I ______________ *(live)* in London all my life.

5. I ______________ *(read)* this book for months now, but I can't seem to find the time to finish it.

Auch beim *Present Perfect* gibt es eine Reihe von **Signalwörtern**. Wenn du vor der Entscheidung stehst, *Simple Past* oder *Present Perfect*, so gebrauche bei den folgenden Ausdrücken immer *Present Perfect*:

Wortliste

up to now	bis heute; bis jetzt
until now	bis heute; bis jetzt
so far	bis jetzt; bisher
since + Zeitpunkt	seit …
yet (in der Verneinung und in Fragen)	bisher; schon; noch (nicht)

We've had a lovely holiday so far.
Wir haben bisher einen sehr schönen Urlaub gehabt.

It hasn't rained at all up to now.
Es hat bislang überhaupt nicht geregnet.

We've been in Majorca since Saturday.
Wir sind schon seit Samstag auf Mallorca.

Nur die oben genannten Ausdrücke deuten **mit Sicherheit** auf das *Present Perfect*.

Andere Ausdrücke deuten **sehr oft**, aber nicht mit Sicherheit auf das *Present Perfect*:

Wortliste

ever	je, jemals
never	nie
just	gerade
recently	in letzter Zeit, neulich

Bei diesen Ausdrücken musst du sehr vorsichtig sein.
Vergleiche die beiden folgenden Sätze:

1. *I never met his wife.*
   Ich habe seine Frau nie kennen gelernt.
2. *I have never met his wife.*
   Ich habe seine Frau nie kennen gelernt.

Ja, du täuschst dich nicht. Es gibt tatsächlich zwei Möglichkeiten, den deutschen Satz ins Englische zu übersetzen, wobei die Bedeutung völlig unterschiedlich ist.

1. Im ersten Satz steht das ***Simple Past***: Der Vorgang ist also abgeschlossen, und es gibt keinen Bezug zur Gegenwart – seine Frau ist vielleicht gestorben oder nach Australien ausgewandert! Auf jeden Fall besteht die Möglichkeit nicht mehr, dass ich sie kennen lerne.
2. Im zweiten Satz steht das ***Present Perfect***. In der deutschen Übersetzung könnte man **„bisher"** hinzufügen, und zwar deswegen, weil die Möglichkeit noch besteht, dass ich sie kennen lerne.

7. Checkliste: *Simple Past* oder *Present Perfect*?

E

Bevor wir einige abschließende Übungen zum Thema *Simple Past/Present Perfect* bringen, fassen wir zusammen, wie du am besten vorgehst:

1. Suche als erstes immer **Signalwörter**. Falls es welche gibt, kläre, ob sie auf ***Simple Past*** oder ***Present Perfect*** deuten.

2. Wenn du keine Signalwörter im Satz findest, frage dich, ob es im **größeren Zusammenhang** ein Signalwort gibt, z. B. bei längeren Beschreibungen von Handlungen: ***Last week*** *I flew to London. I left home early in the morning, took a taxi to the airport, checked in …*

3. Wenn im größeren Zusammenhang auch keine Signalwörter vorhanden sind, frage dich, ob die **Handlung eindeutig** in **der Vergangenheit** liegt und endgültig abgeschlossen ist (z. B. geschichtlicher Vorgang). Ist das der Fall, dann musst du ***Simple Past*** nehmen.

4. Wenn das alles nicht zutrifft, suche einen **Bezug zur Gegenwart**. Am besten fragst du dich, ob du im Deutschen sagen könntest: **„bisher; bis jetzt; bis heute; bislang; bis zu diesem Augenblick** oder **von heute aus gesehen"**. Ist das möglich, dann musst du ***Present Perfect*** nehmen.

5. Falls dir das alles nicht weiterhilft, gibt es noch eine Möglichkeit: Nicht der Zeitpunkt des Vorgangs ist wichtig, sondern **die Tatsache**, dass er **(„schon mal")** stattgefunden hat. In solchen Fällen wählst du auch ***Present Perfect*** (z. B. *I have been to England but I have never been to Scotland*).

Wenn du immer nach diesem Muster vorgehst, kommst du früher oder später auf die einzige Zeit, die infrage kommt. Also noch einmal in Kurzform:

!

1. Signalwort? Entweder *Simple Past* oder *Present Perfect*.
2. Signalwort im größeren Zusammenhang? Entweder *Simple Past* oder *Present Perfect*.
3. Geschichtlicher Vorgang? *Simple Past*.
4. Bezug zur Gegenwart? *Present Perfect*.
5. „Schon mal"? *Present Perfect*.

TIPP

Wenn du englische Popmusik hörst, dann achte doch einmal darauf, ob das *Simple Past* oder das *Present Perfect* verwendet wird, und überlege dir warum.

Übung E 11

Setze die richtige Zeit (*Simple Past* oder *Present Perfect*) der in Klammern angegebenen Verben in den folgenden Text ein.
Beachte dabei die Stellung des Adverbs, das auch in Klammern angegeben wird (beim *Present Perfect* zwischen Hilfsverb und Vollverb).
Es geht hier um die ersten Erlebnisse in der neuen Heimat England.

Last year I ______________________ *(move)* to England with my family. We ______________________ *(decide)* to try to do the removal[1] ourselves, so we ______________________ *(hire[2])* a large van. My father had been in London to find a flat for us, and when he ______________________ *(arrive)* home, Mum, Sue and I ______________________ *(be)* in the middle of packing our things. "I ______________________ *(never, see)* such chaos in all my life!" Dad ______________________ *(scream)*.

[1] *Umzug*

[2] *mieten*

Finally, we ______________________ *(set off)* and ______________________ *(catch)* the ferry at Ostend. When we ______________________ *(reach)* Dover, I ______________________ *(ask)* Dad: "______________________ *(you, ever, drive)* on the left-hand side of the road before? Remember, it's a big van we're driving ..." "No problem," ______________________ *(say)* Dad: "I ______________________ *(drive)* a hired car in Japan when I ______________________ *(work)* in Tokio, and England can't be worse than Japan."

As Dad ______________________ *(want)* to show us the countryside, he ______________________ *(decide)* not to take the motorway. What he ______________________ *(not, realize)* was how narrow the roads are in some of the small English villages. We ______________________ *(make)* good progress until we ______________________ *(meet)* a juggernaut[3] in one of the villages. We ______________________ *(have to)* reverse back[4] almost half a mile before we ______________________ *(find)* somewhere to pull over.

Next, Dad ______________________ *(go round)* a roundabout[5] in the wrong direction, and ______________________ *(meet)* a police car on the other side. "______________________ *(you, have)* a little bit too much duty free on the ferry, sir? We ______________________ *(not, have)* many of your sort this week," the policeman ______________________ *(say)* to Dad. We ______________________ *(have to)* pay a £20 fine[6]. What a start to our stay in England! Now Dad ______________________ *(get used to)* driving on the left, but now he always takes the motorway just to be on the safe side!

[3] *Riesenbrummi*

[4] *rückwärts fahren*

[5] *Kreisverkehr*

[6] *Bußgeld*

Bevor wir zum Abschlusstest kommen, möchten wir dich auf eine Besonderheit bei gewissen Zeitangaben aufmerksam machen.

!

Zeitangaben mit ***this*** (z. B. *this morning, this afternoon, this week, this month* usw.) werden nämlich sowohl mit dem ***Simple Past*** als auch mit dem ***Present Perfect*** verbunden, und zwar mit ganz unterschiedlicher Bedeutung.

Vergleiche die folgenden Sätze:

I didn't read the paper this morning. — Ich habe die Zeitung heute Vormittag nicht gelesen. (Vorgang ist abgeschlossen; es besteht keine Möglichkeit mehr, die Zeitung vor Mittag zu lesen. Jetzt ist es schon Nachmittag oder Abend.)

I haven't read the paper this morning. — Ich habe die Zeitung heute Vormittag (bisher noch) nicht gelesen. (Es ist noch Vormittag, man kann „bisher" hinzufügen; also *Present Perfect*.)

Wenn man also im Deutschen **„bisher; bis jetzt"** usw. ergänzen könnte, nimmt man im Englischen ***Present Perfect***.

Rätsel

Du kennst das ja schon; vor dem letzten Test etwas Entspannung. Wir nennen das folgende Rätsel „Die Entschlüsselung der Ringe". Du musst einen ganz bestimmten, systematischen Weg durch die Felder der Ringe gehen, sodass sich alle Buchstabengruppen sinnvoll aneinander fügen lassen. Das ist gar nicht so einfach, und du musst sehr gut aufpassen, um die Lösung herauszubekommen. Beginne bitte bei dem Feld mit dem Sternchen. Als Lösung erhältst du ein englisches Sprichwort *(proverb)*.

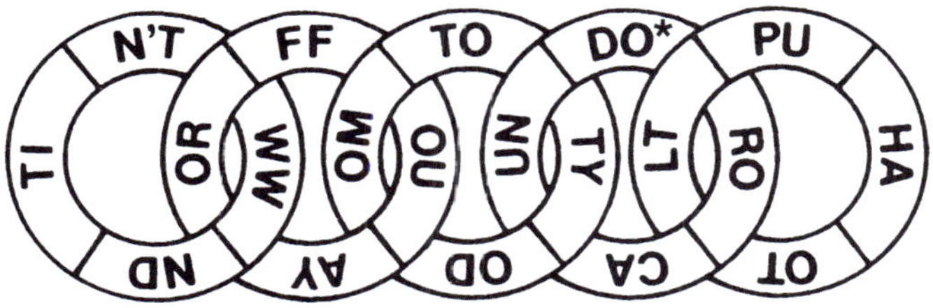

Lösung: *Don't put off ...*

Abschlusstest

Nina ist mit 20 Jahren eine international anerkannte Geigenvirtuosin. Timon befragt sie zu ihrer Musikerkarriere.

Übersetze:

Timon: Wann hast du angefangen, Geige zu lernen?

Nina: Ich war drei Jahre alt, als ich die ersten Stunden bei meinem Vater hatte. Davor hat mich meine Mutter fast ein Jahr lang auf dem Cello unterrichtet[1], aber ich habe die Geige bevorzugt.

Timon: Wie lange hast du pro Tag geübt, als du sechs Jahre warst?

Nina: Ich hatte eine Stunde Unterricht[2] bei meinem Vater und danach habe ich noch mindestens zwei Stunden geübt.

Timon: Was war der aufregendste Moment in deinem Leben bisher?

Nina: Oh, das geschah erst vor kurzem. Ich wurde eingeladen, ein Mozart-Konzert[3] mit Simon Rattle in der Carnegie Hall zu spielen.

Timon: Und wie lange lebst du schon in New York?

Nina: In New York lebe ich erst seit sechs Monaten.

Timon: Hast du nicht manchmal deine Klassenkameraden oder deine Eltern vermisst?

Nina: Ja, manchmal. Aber meine Eltern und einige meiner Freunde haben mich schon besucht, wenn ich Konzerte gegeben habe.

Timon: Hat es für dich jemals Momente gegeben, wo du es bereut hast, dass du eine Musikerkarriere[4] angefangen hast?

Nina: Um ehrlich zu sein, ja. Es war manchmal schon sehr hart, jeden Tag so viel zu arbeiten, wenn andere Kinder spielen konnten.

Timon: Vielen Dank für das Interview und weiterhin[5] viel Erfolg in New York.

[1] *auf dem Cello unterrichten* = (to) teach to play the cello; [2] *eine Stunde Unterricht* = one lesson

[3] concerto

[4] musical career

[5] *„weiterhin" muss nicht übersetzt werden*

F

... they're having fun with English

Einfache Form und Verlaufsform des Verbs

Bisher haben wir uns mit der einfachen Form ***(Simple Form)*** des Verbs befasst.
Im Englischen gibt es allerdings noch eine zweite Verbform, nämlich die Verlaufsform, auch ***Continuous Form*** oder ***Progressive Form*** genannt.
In diesem Kapitel wollen wir uns damit beschäftigen, worin der Unterschied im Gebrauch der beiden Verbformen liegt. Halten wir zunächst fest:

Regel

Die Verlaufsform ist selbst keine Zeit, sondern eine Form[1] des Verbs, die in allen Zeiten vorkommen kann.

[1] *Zur Bildung der -ing-Form des Verbs siehe* *S. 126ff.*

1. Bildung der Verlaufsform

Regel

Die *Progressive Form* wird gebildet aus dem
Subjekt + Form von *(to) be* + *-ing*-Form des Verbs.
Die Form von *(to) be* legt dabei die Zeit (das Tempus) fest.

Tempus	**Subjekt**	**Form von *(to) be***	***-ing*-Form des Verbs**
Present Tense		*am/are/is ...*	
Present Perfect		*have/has been*	
Past Tense	*I, you*	*was/were*	*walking*
Past Perfect	*he, she, it*	*had been*	*running*
Future I	*we, you*	*will be*	*joking*
Future II	*they*	*will have been*	
Conditional I		*would be*	
Conditional II		*would have been*	

So, in der folgenden Tabelle kannst du die Bildung der Verlaufsform sowie der *Simple Form* einiger Verben üben. Vervollständige die Tabelle.

Übung F1

	Present Tense	*Past Tense*	*Future I*
Simple	I go		
Progressive			
Simple	he returns		
Progressive			
Simple	they prepare		
Progressive			

	Present Tense	*Present Perfect*	*Conditional I*
Simple	we sing		
Progressive			
Simple	I wash		
Progressive			
Simple	you take		
Progressive			

	Present Tense	Future II	Conditional II
Simple	he goes		
Progressive			
Simple	she runs		
Progressive			
Simple	they read		
Progressive			

Nun kommen wir zum Kernthema dieses Kapitels, dem unterschiedlichen Gebrauch der einfachen Form und der Verlaufsform in den verschiedenen Zeiten. Wann nimmt man eigentlich die einfache Form *(Simple Form)* und wann die Verlaufsform *(Progressive Form)*?

F

2. Gegenwart

2.1 *Simple Present*

Zunächst behandeln wir nur die Gegenwart. Aber was du in den folgenden Regeln lernst, hilft dir mit Sicherheit auch bei den anderen Zeiten.

Regel

> Das *Simple Present* bezeichnet regelmäßig wiederkehrende Vorgänge und Handlungen sowie Gewohnheiten.

Einige so genannte **Signalwörter** weisen dich auf die einfache Form des Verbs hin. Es sind z. B. Adverbien und Adverbialbestimmungen, die eine gewisse **Regelmäßigkeit** ausdrücken, z. B.

every day/week/month/year etc.	jeden Tag/jede Woche/jeden Monat/ jedes Jahr usw.	**Wortliste**
often	oft	
usually	gewöhnlich, meist	
sometimes	manchmal	
never	nie	
twice a day/week/month/year etc.	zweimal am Tag/in der Woche/ im Monat/im Jahr usw.	

We usually go to the pictures on Fridays.
Freitags gehen wir meist ins Kino.

There's a bus every 20 minutes.
Alle 20 Minuten fährt ein Bus.

What do you do in the evenings?
Was machst du (immer) abends?

My dad never gets home before 6 o'clock.
Mein Vater kommt nie vor sechs nach Hause.

Das ist natürlich, wie du dir denken kannst, noch nicht alles:

Das *Simple Present* bezeichnet zeitlose Tatbestände sowie natürliche Gesetzmäßigkeiten, d. h. es zeigt, dass etwas immer so ist.

Regel

The Thames runs through London.
Die Themse fließt durch London. (Immer! Nie durch Manchester!)

The sun rises in the east and sets in the west.
Die Sonne geht im Osten auf und im Westen unter. (Nie umgekehrt!)

2.2 *Present Progressive*

Nun ein paar Regeln zum Gebrauch des ***Present Progressive*** (der Verlaufsform der Gegenwart).

Das *Present Progressive* bezeichnet, was zum Zeitpunkt des Sprechens gerade vor sich geht.

Regel

Auch hier gibt es einige **Signalwörter**, wie z. B.:

at the moment	im Augenblick
right now	jetzt gerade

Allerdings kommen diese Signalwörter relativ selten vor. Am besten fragst du dich, ob du im Deutschen „jetzt gerade" oder „in diesem Augenblick" in den Satz einsetzen könntest. Wenn das möglich ist, steht im Englischen das *Present Progressive.*

I'm writing a letter to my penfriend.
Ich schreibe (jetzt gerade) einen Brief an meinen Brieffreund.

Where are you going? – I'm going into town to do some shopping.
Wohin gehst du? – Ich fahre in die Stadt, um einzukaufen.

Regel

Nicht abgeschlossene Handlungen werden auch durch das *Present Progressive* ausgedrückt.

I'm taking piano lessons at the moment.
Ich nehme zur Zeit Klavierunterricht.

D. h. ich habe mit dem Unterricht angefangen; der Unterricht findet aber auch in den kommenden Wochen statt; es bedeutet nicht unbedingt, dass ich jetzt gerade mit dem Klavierlehrer am Klavier sitze …

I'm reading a really exciting thriller at the moment.
Ich lese zur Zeit einen sehr spannenden Krimi.

D. h. ich habe das Buch angefangen, aber noch nicht zu Ende gelesen; es bedeutet nicht unbedingt, dass ich jetzt gerade mit dem Buch in der Hand dasitze und es lese …

Die Dauer einer Handlung spielt dabei keine Rolle. Eine nicht abgeschlossene Handlung sollte in keinem Fall mit einer regelmäßigen Tätigkeit verwechselt werden.

Vergleiche die folgenden Sätze – du musst dabei sehr genau unterscheiden.

I'm making a doll's house for my little sister.
Ich bastele (zur Zeit) ein Puppenhaus für meine kleine Schwester.

D. h. ich habe es angefangen, bin aber noch nicht fertig.

Und schaue dir nun im Vergleich dazu den Satz auf der nächsten Seite an:

My sister makes all her own clothes.
Meine Schwester macht (näht) alle ihre Kleider selbst.

Das ist eine regelmäßige Handlung; auch wenn der Prozess des Herstellens noch nicht abgeschlossen ist, ist das Regelmäßige der Handlung dennoch entscheidend.

Mit dem Wörtchen ***always*** („immer") musst du besonders vorsichtig umgehen. Es drückt eine Regelmäßigkeit aus und wird also mit der einfachen Verbform *(Simple Form)* verbunden. Aber es kommt noch eine zweite Möglichkeit hinzu: Wenn *always* mit der Verlaufsform *(Progressive Form)* verbunden wird, so drückt dies aus, dass sich der Sprecher irgendwie ärgert.

!

Vergleiche dazu die beiden Sätze:

He always washes his car.
Er wäscht immer sein Auto.

Einfache Feststellung – es macht dem Sprecher nichts aus!

He's always washing his car.
Er wäscht (auch) andauernd sein Auto.

Das ärgert den Sprecher – weil der Mann beispielsweise die ganze Straße mit seiner Autowascherei blockiert oder verunreinigt.

Vor der nächsten Übung möchten wir dir noch eine wichtige Bedeutung des *Present Progressive* zeigen. Schau dir einmal die beiden folgenden Sätze an, und versuche festzustellen, welche grammatische Zeit sie haben.

What are you doing tonight? – I'm going to the disco with Brian and John.
Was machst du heute Abend? – Ich gehe mit Brian und John in die Disko.

We're going to my Uncle Bill's for a few days next Friday.
Wir fahren am kommenden Freitag für ein paar Tage zu meinem Onkel Bill.

Hast du gemerkt, dass es sich im Englischen hier auf einmal jeweils um eine Zukunftsform handelt, obwohl das *Present Progressive* steht? Vielleicht kannst du sogar den Grund dafür nennen? …

Es liegt natürlich an der Zeitangabe der Zukunft *(tonight; next Friday)*.

Das kann man zur folgenden Regel zusammenfassen:

Regel

Das *Present Progressive* wird auch als Zukunftsform verwendet, und zwar bei Vorhaben, Plänen, Vereinbarungen, aber nur in Verbindung mit einer Zeitangabe der Zukunft.

Die Zeitangabe ist deshalb notwendig, weil diese Zeitform sonst nicht von der Gegenwart zu unterscheiden wäre. Vergleiche:

I'm going to the pictures tonight.
Ich gehe heute Abend ins Kino. (Zukunft)

I'm going to the pictures.
Ich gehe ins Kino. (jetzt gerade – ich bin schon dabei)

Übung F 2

Nach so viel Theorie wieder eine Übung. *Simple Form* oder *Progressive Form*? Setze die richtige Zeitform ein. Beachte die Signalwörter und die Stellung des Adverbs *always* (zwischen Hilfsverb und Vollverb bei der Verlaufsform).

1. ______________________ *(you, go)* to the match tonight?

2. Our next-door neighbours' dog ______________________ *(always, bark).*

3. I ______________________ *(learn)* to ski at the moment.

4. We ______________________ *(always, visit)* my Uncle Arthur on Sundays.

5. I ______________________ *(usually, go)* for a jog in the morning, but I ______________________ *(not, go)* today, as I ______________________ *(play)* tennis this afternoon.

6. My friend Oliver ____________________ *(never, have)* time to read a book, but he ____________________ *(always, watch)* TV.

Weil dieses Thema so wichtig ist, solltest du noch eine Übung machen, und zwar diesmal in einem zusammenhängenden Text.

Übung F 3

Present Progressive oder *Simple Present*? Setze in dieser kleinen Geschichte über die Einstellung der Engländer zum Winter die richtige Verbform ein.

It ____________________ *(happen)* every year! First, someone ____________ *(say)*, "Look, it ____________________ *(snow)*!" and soon the whole country gradually ____________________ *(come)* to a standstill. The great British winter! The weather reports ____________________ *(paint)* a gloomy picture of the situation: "The whole of Britain ____________________ *(shiver)* in the face of one of the coldest winters we have had for years. The snowploughs ____________________ *(work)* nonstop to keep the main roads free. Rescue teams[1] __________________ *(fight)* to get to people stranded in little villages that ____________________ *(be)* cut off from the outside world because of the heavy snowfalls."

Although the winters in Britain ____________________ *(rarely, turn out)* to be as severe[2] as those on the Continent, the British ____________________

[1] *Rettungsmannschaften*

[2] *hart*

_________ *(greet)* the snow every year with cries of amazement and horror. The surprise _________ *(seem)* to be as great every year. Like a dormant[1] volcano which _________ *(suddenly, erupt)*, the onset[2] of winter

_________ *(never, fail)* to catch the British by surprise. On the other hand, the British _________ *(not feel)* that it _________ *(be)* necessary to prepare for winter either. No one _________ *(buy)* winter tyres for his car. Why not? "It _________ *(not snow)* here very often, and it _________ *(be)* too expensive to buy new tyres for two weeks of the year!" they _________ *(say)*. Central heating _________ *(become)* more and more popular, but most Europeans who _________ *(spend)* a winter in Britain still _________ *(complain)* that it _________ *(be)* too cold.

Some students from Cambridge _________ *(try)* to change the British attitude towards winter. Their Campaign for the Application[3] of Really New Impulses and Values to Anglo-Saxon Life (CARNIVAL) _________ *(find)* more and more supporters throughout the country. Among other things, the students _________ *(try)* to introduce a number of "continental" customs to "brighten up"[4] winter. Already people _________ *(start)* to buy the strange costumes which the treasurer[5] of CARNIVAL obtained at a bargain price[6] in the winter sales in Germany last year.

1 untätig
2 Beginn, Einbruch
3 Anwendung
4 heiterer gestalten
5 Schatzmeister
6 günstig, im Sonderangebot

Rätsel

Zur Hälfte des Kapitels eine Knobelei.
An einer Wand hängen fünf bzw. sechs Tafeln, auf denen jeweils ein englisches Sprichwort geschrieben steht (fortlaufend von links nach rechts und von oben nach unten). Leider ist die Reihenfolge der Tafeln etwas durcheinander geraten. Versuche die Tafeln wieder so zu ordnen, dass du das Sprichwort lesen kannst. Ein kleiner Tipp: Beginne jeweils mit der Tafel, auf der der große Buchstabe ist.

			1	
th	en	ec	Wh	at'
yt	wa	he	sa	mi
ll	wi	pl	ce	ay

			1		
un	n't	ty	Do	co	ou
en	hi	sb	rc	ck	ef
yh	et	at	or	he	ch

Nach dieser kleinen Verschnaufpause bist du sicherlich fit für die nächste Hürde – nämlich das *Simple Past* (einfache Vergangenheit) und das *Past Progressive* (die Verlaufsform der Vergangenheit).

3. Vergangenheit

3.1 *Simple Past*

Beginnen wir mit zwei Beispielsätzen, die eine Anwendungsmöglichkeit des *Simple Past* deutlich machen.

The children usually played in the garden.
Die Kinder spielten meist im Garten.

He always talked about politics when he came to see us.
Er sprach immer über Politik, wenn er uns besuchte.

Wenn du dich noch an die entsprechenden Beispiele des *Simple Present* erinnerst, so kannst du die folgende Regel formulieren:

Regel

Das *Simple Past* bezeichnet wie auch das *Simple Present* regelmäßig wiederkehrende Handlungen.

! Wenn man bei solchen Sätzen den Gegensatz zwischen „früher" und „jetzt" betonen möchte, nimmt man *used to* + Infinitiv.[1]

[1] *zum Gebrauch von* used to *und* be used to *siehe ML 550, S. 35 ff. und S. 52*

I used to read a lot of books when I was younger.
Früher, als ich jünger war, habe ich viele Bücher gelesen.

We used to go to the pictures once a week, but now we prefer to stay at home and watch TV.
Früher sind wir einmal in der Woche ins Kino gegangen, aber jetzt bleiben wir lieber zu Hause und sehen fern.

Noch zwei weitere Regeln sagen dir, wann du das *Simple Past* verwenden musst.

Regel

Das *Simple Past* wird bei vereinzelten Handlungen in der Vergangenheit verwendet, wenn der Ablauf der Handlung nicht betont wird.

Oft steht in solchen Sätzen eine bestimmte Zeitangabe der Vergangenheit (vgl. Kapitel E, Seite 91).

I went to see Jim yesterday. He broke his leg last week and he's still in hospital.
Gestern habe ich Jim besucht. Er hat sich vorige Woche das Bein gebrochen, und er liegt immer noch im Krankenhaus.

When did you get home last night?
Wann bist du gestern Abend nach Hause gekommen?

Regel

In Berichten oder Erzählungen wird das *Simple Past* verwendet, um eine Reihenfolge der Ereignisse oder Handlungen auszudrücken.

The door opened slowly and a man with a revolver came in, walked across the room, closed the curtains and sat down opposite me.
Die Tür öffnete sich langsam, und ein Mann mit einem Revolver kam herein, ging durch das Zimmer, zog die Vorhänge zu und setzte sich mir gegenüber.

Es ist hier nicht der Ablauf, sondern die Reihenfolge der Handlungen wichtig.

TIPP

Wenn du dir nicht sicher bist, ob es sich um eine Reihenfolge handelt, dann frage dich, ob du sagen könntest: „Als Erstes …, dann …, dann …"

3.2 *Past Progressive*

Nun zum *Past Progressive*. Es weist natürlich viele Ähnlichkeiten mit dem *Present Progressive* auf. Wie schon für die Gegenwart, gilt auch für die Vergangenheit:

Regel

Das *Past Progressive* bezeichnet, was zu einem bestimmten Zeitpunkt in der Vergangenheit gerade vor sich ging.

In der deutschen Übersetzung kann man auch hier wie schon in der Gegenwart das Wort „gerade" hinzufügen.

At that point I was beginning to get a little bored.
Zu dem Zeitpunkt fing ich (gerade) an, mich ein bisschen zu langweilen.

What were you doing at 10 o'clock last night? – I was watching TV.
Was hast du gestern Abend um 10 Uhr gemacht? – Ich habe ferngesehen. (= Ich war gerade dabei fernzusehen.)

Ohne Zeitangabe deutet das *Past Progressive* oft auf eine allmählich eintretende Entwicklung.

I was getting more and more tired.
Ich wurde immer müder.

Besonders wichtig ist im Englischen der folgende Fall:

Regel

Das *Past Progressive* setzt eine Handlung, die schon läuft, in Beziehung zu einer anderen, die dann zu einem bestimmten Zeitpunkt später eintritt.

Die Handlung, die „dazwischenkommt", d. h. die erst später beginnt, steht im *Simple Past*.

I was waiting for the bus when Tim stopped and gave me a lift.
Ich wartete (gerade) auf den Bus, als Tim anhielt und mich mitnahm.

Ich stand schon an der Bushaltestelle, bevor Tim anhielt.

Der „eintretende" Vorgang kann den bereits laufenden unterbrechen, wie in diesem Beispiel, aber das muss nicht der Fall sein.

While I was staying with my Uncle Neil, somebody broke into his house.
Während ich bei meinem Onkel Neil wohnte, hat man bei ihm eingebrochen.

Ich wohnte schon dort, bevor man einbrach, und ich blieb auch noch nach dem Einbruch ein paar Tage dort.

Solche Handlungen dürfen aber nicht mit aufeinander folgenden verwechselt werden. Die beiden nächsten Sätze machen sehr schön deutlich, wie wichtig das ist, denn sonst könnte es zu erheblichen Missverständnissen kommen.

When Dave came in,
we were all laughing.
Als Dave hereinkam, lachten wir alle (gerade – und zwar über etwas, was schon vor seiner Ankunft gesagt wurde).

When Dave came in,
we all laughed.
Als Dave hereinkam, lachten wir alle (über ihn).

Im ersten Satz wird das Lachen als eine bereits laufende Handlung beschrieben: Sie lachen schon, als Dave hereinkommt.
Im zweiten dagegen haben wir es mit einer Reihenfolge zu tun. Erst kommt Dave herein, dann lachen wir. Eine Reihenfolge erkennst du immer daran, dass du im Deutschen „als Erstes", „als Nächstes" hinzufügen kannst.

Das *Past Progressive* kann entweder im ersten oder im zweiten Satzteil vorkommen. Entscheidend ist, dass der Vorgang im *Past Progressive* als Erstes anfängt und bereits läuft, wenn ein anderer zusätzlich einsetzt.

Regel

Wenn man betonen will, dass verschiedene Handlungen gleichzeitig abliefen, stehen diese Handlungen alle im *Past Progressive*.

Jill was coming out of the cafe as I was going in.
Jill kam gerade aus dem Café heraus, als ich hineinging.

While I was working, my friends were playing football.
Während ich arbeitete, spielten meine Freunde Fußball.

Übung F 4

Nach den vielen Regeln nun wieder eine Übung.
Setze das *Past Progressive*, das *Simple Past* oder *used to* + Infinitiv ein.

1. It ______________ *(get)* darker and darker, so we ______________ *(decide)* to look for somewhere to stay for the night.

2. "Where ______________ *(you, go)* last night?" – "I ______________ *(not, go)* anywhere. I ______________ *(just, stay)* at home."

3. I ______________ *(buy)* some really good CDs yesterday.

4. We ______________ *(get)* our milk delivered every morning, but now we buy it in the supermarket.

5. Things ______________ *(be)* so peaceful when you ______________ *(phone)*. The baby ______________ *(sleep)*, my mum ______________ *(read)* the paper, and dad ______________ *(do)* the shopping in town. But then the baby ______________ *(wake)* up, Kevin ______________ *(come)* back with three friends and ______________ *(start)* playing his stereo, and my mum ______________ *(start)* shouting at them for being too noisy!

6. Just as the train ______________ *(approach)* the station, a little girl ______________ *(fall)* onto the line, but a man ______________ (jump) down and ______________ *(save)* her just in time.

F 4. *Present Perfect Progressive*

Schließlich noch ein paar Worte zum *Present Perfect Progressive* (der Verlaufsform des *Present Perfect*).

! Das *Present Perfect Progressive* wird fast immer bei Vorgängen und Tätigkeiten verwendet, bei denen hervorgehoben werden soll, dass sie bis in die Gegenwart hineinreichen oder immer noch andauern.

Sehr oft findet man eine Verbindung mit „seit" (= *since:* Zeitpunkt; *for:* Zeitraum)[1] und „schon" im Deutschen. Das „schon" wird im Englischen meist nicht mit übersetzt.

[1] *Der richtige Gebrauch von* since/for *wird auf S. 95 ff. erklärt.*

I have been working with Mike for 4 months.
Ich arbeite (schon) seit 4 Monaten mit Mike zusammen (und wir tun es immer noch).

I have been living in Germany since 1991.
Ich lebe (schon) seit 1991 in Deutschland (und bin immer noch da).

So, damit ist unser Überblick über die wichtigsten Zeiten beendet, aber wir wollen dich zum Schluss noch auf etwas aufmerksam machen, was sich auf alle Verbzeiten bezieht.

F 5. Zustandsverben

Wir haben bereits vorhin gesagt, dass die Verlaufsform hauptsächlich den augenblicklichen Ablauf eines Vorgangs wiedergibt.

Manche Verben können aber – rein von der Bedeutung her – den Ablauf eines Vorgangs gar nicht beschreiben. Dies sind so genannte **Zustandsverben**, und sie erscheinen normalerweise nicht in der Verlaufsform.

Wortliste

(to) know	kennen, wissen	*(to) forget*	vergessen
(to) believe	glauben	*(to) belong*	gehören
(to) understand	verstehen	*(to) own*	besitzen
(to) like	mögen	*(to) seem*	scheinen
(to) want	wollen	*(to) notice*	(be)merken
(to) wish	(sich) wünschen	*(to) smell*	riechen
(to) hate	hassen, nicht mögen	*(to) hear*	hören
(to) remember	sich erinnern	*(to) see*	sehen

Diese Liste solltest du unbedingt auswendig lernen!

Einige dieser Verben findest du gelegentlich **doch** in der *Progressive Form* – allerdings nicht ganz in der angegebenen Bedeutung. Vergleiche:

Your socks smell terrible!
Deine Strümpfe riechen fürchterlich!

I was just smelling the rose you gave me.
Ich roch gerade an der Rose, die du mir geschenkt hast.

I'm seeing my lawyer tomorrow.
Ich sehe morgen meinen Anwalt (= ich treffe mich mit ihm).

Bei einigen anderen Verben hängt es grundsätzlich von der jeweiligen Bedeutung ab, ob die *Progressive Form* möglich ist oder nicht.

!

Auch diese vier Verben solltest du dir gut merken:

(to) be

(to) be

Normalerweise ist die *Progressive Form* bei *(to) be* nicht möglich. Es gibt aber zwei Ausnahmen:

1. ***being*** wird bei der *Progressive Form* des Passivs verwendet, und zwar in folgender Konstruktion:
   Subjekt + Form von *(to) be* + *being* + *Past Participle*

Our house is being painted.
Unser Haus wird gerade gestrichen.

The building was being renovated.
Das Gebäude wurde gerade renoviert.

Die *Progressive Form* des Passivs wird dann verwendet, wenn zu einem Zeitpunkt in der Gegenwart oder Vergangenheit etwas gerade gemacht wird.

2. ***being*** kann auch in Verbindung **mit** einem **Adjektiv des Verhaltens** stehen.

Oft drückt man so seine Verwunderung über eine Verhaltensweise aus, die sonst nicht üblich ist.

The children are being very quiet.
Die Kinder sind aber sehr ruhig. (Sie richten mit Sicherheit etwas an!)

Peter was being very charming yesterday, wasn't he?
Peter war gestern sehr charmant (ausnahmsweise!).

(to) have

(to) have

Bei den vielen Redewendungen mit *(to) have*, die nichts mit „Besitz" zu tun haben, ist die Verlaufsform möglich.

Mike is having a shower.
Mike duscht gerade.

Im Sinne von **„besitzen"** steht *(to) have* **nie** in der Verlaufsform.

Mike has a shower.
Mike hat (= besitzt) eine Dusche.

Im folgenden Satz aber musst du die einfache Form nehmen. Hier haben wir es mit einer regelmäßig wiederkehrenden Handlung zu tun.

Mike has a shower every day.
Mike duscht jeden Tag.

(to) think

(to) think

Im Sinne von **„die Meinung haben"**, „halten (für)" steht *(to) think* **nie** in der Verlaufsform.

I think that's a great idea!
Ich halte das für eine großartige Idee!

Im Sinne von **„vorhaben"**, „(sich) überlegen", „denken an" ist die Verlaufsform möglich.

We're thinking of selling our car.
Wir haben vor, unser Auto zu verkaufen.

Schließlich bleibt noch:

(to) feel

(to) feel

Im Sinne von **„glauben"**, **„meinen"**, „das Gefühl haben" kann *(to) feel* **nie** in der Verlaufsform stehen.

I feel we're making a mistake.
Ich glaube, wir machen (hier) einen Fehler.

In Verbindung **mit** einem **Adjektiv** kann man sowohl die einfache Form als auch die Verlaufsform nehmen.

I feel/am feeling exhausted.
Ich fühle mich erschöpft.

Übung F5

Simple Form oder *Progressive Form?*
Setze die richtige Verbform ein (die jeweilige Zeit ist in Klammern angegeben).

1. We usually ____________________ (have; *Present Tense*) dinner at 8 o'clock, but tonight we ____________________ (have; *Present Tense*) it much earlier.
2. I ____________________ (wait; *Present Perfect*) here for half an hour.
3. What ____________________ (you, think; *Present Tense*) of? Oh, nothing. I ____________________ (just, daydream[1]; *Present Tense*).
4. Julie can't come to the phone just now – she ____________________ (have; *Present Tense*) a bath.
5. We ________________ (feel; *Past Tense*) really tired, so we ________________ (sit; *Past Tense*) down and ____________________ (have; *Past Tense*) a rest.
6. I ____________________ (injure; *Present Perfect*) my leg!
7. Audrey ____________________ (have; *Past Tense*) a party when her parents ____________________ (arrive; *Past Tense*) home unexpectedly.
8. Nick and Frank ____________________ (be; *Present Tense*) very helpful at the moment – they must want more pocket money!

[1] *(vor sich hin)träumen*

Rätsel

Nach der vielen Grammatik nun aber wieder etwas zum Knobeln:
In der Tabelle unten stehen scheinbar zusammenhanglos englische Wörter. Wenn du die Wörter allerdings in der richtigen Reihenfolge liest, so erhältst du eine „Lebensweisheit".
Beginnen musst du bei *Ideals*. Das nächste Wort findest du, wenn du so weitergehst, wie sich ein Springer beim Schachspiel fortbewegt, d. h. zwei Felder entweder nach oben, unten, nach links oder nach rechts; und dann ein Feld im rechten Winkel davon in irgendeine Richtung.

		you	your	
can't	but	you	Ideals	stars,
help	are	way	them	find
	reach	they	like	

Jetzt hast du wohl wieder Kraft getankt für den Abschlusstest.

Abschlusstest

Es handelt sich hier um ein modernes Märchen. Setze im ersten Absatz das *Simple Past* oder das *Past Progressive* ein, im zweiten *Simple Present* oder *Present Progressive*. Beachte die Stellung der Adverbien.

Once upon a time a man and his wife __________________ *(live)* in a large house in the country. Mr Evans __________________ *(be)* the managing director of Evans & Evans Chemicals, and his wife __________________ *(be)* the daughter of a millionaire. They __________________ *(have)* a little girl, called Samantha. Marie, the au-pair, __________________ *(look after)* Samantha, as her mum and dad __________________ *(not, have)* much time. One day Samantha __________________ *(play)* in the garden when suddenly she __________________ *(start)* to hiccup. Marie __________________ *(give)* her some water, but it __________________ *(not, help)*. Samantha's father __________________ *(not, be)* there, as he __________________ *(hold)* important discussions with some farmers from the neighbourhood – his firm __________________ *(want)* to buy their land to build a new chemical factory there. Samantha's mum __________________ *(organize)* a large reception[1] in town for some politicians whom she __________________ *(try)* to persuade to

[1] *Empfang*

give large subsidies[1] to the firm. Poor Marie __________________ *(not, know)* what to do. No matter what she __________________ *(try)*, little Samantha __________________ *(continue)* to hiccup. When Samantha's mum and dad __________________ *(arrive)* home later that evening, Marie __________________ *(still, try)* to solve the problem, but nothing __________________ *(help)* – neither cold water, nor lemon, nor even the orange pills that Evans & Evans __________________ *(produce)* to stop hiccups.

[1] Subventionen

(Verwende ab jetzt *Simple Present* oder *Present Progressive*.)

Mr and Mrs Evans ______________________________ *(just, discuss)* what to do, when the doorbell __________________ *(ring)*. A handsome young man with a bushy black beard __________________ *(stand)* at the door. "Hello, I'm your new neighbour, Joshua Fisher," the man __________________ *(say)*. Then he __________________ *(see)* that they __________________ *(have)* problems with the little girl, so he __________________ *(tell)* them to give her some of the special carrots he __________________ *(happen)* to have with him[2]. At once Samantha __________________ *(stop)* hiccuping.

[2] die er zufällig dabei hatte

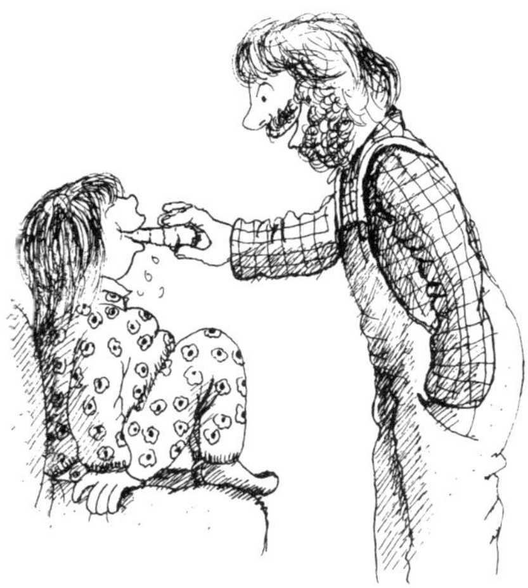

Mr Evans __________________ *(be)* amazed. The two men __________________ *(sit)* down together, and Mr Fisher __________________ *(explain)* how he ______________________________ *(always, take)* some carrots when he ________ __________ *(not, feel)* well.

"I ________________ *(think)* of buying some of the fields around here," ________________ *(say)* Mr Evans. "Do you think I could grow magical carrots like yours in them?" – "Of course," ________________ *(reply)* Mr Fisher.

Before long Mr Evans ________________ *(be)* convinced that he has to sell his factory and start growing carrots. Two months later Mr Evans ________________ *(stand)* on the corner of the High Street – selling carrots. And Mr Fisher? He ________________ *(work)* on a well-paid job at Evans, Evans & Fisher, the chemical works.

And they lived all happily ever after.

In fact, generally speaking, they're sorry the book's almost finished

G

Das Partizip

Gegen Ende des Buches wollen wir uns noch einmal mit einem schwierigen Thema auseinander setzen, und zwar mit dem **Partizip *(participle)***.
Im Deutschen wird das Partizip auch als **Mittelwort** bezeichnet, weil es Merkmale des Verbs und des Adjektivs aufweist. Beispiel: „fahrend, gefahren".
Die englischen Partizipien bereiten vor allem deshalb Schwierigkeiten, weil sie wesentlich häufiger verwendet werden als ihre deutschen Entsprechungen.

1. Formen und Bildungsweise des Partizips

Beginnen wollen wir mit einer Übersicht über die unterschiedlichen Formen des Partizips.

aktiv	passiv
Present Participle	
asking	*being asked*
Past Participle	
asked	*asked*
Perfect Participle	
having asked	*having been asked*

Wir wollen uns in diesem Kapitel vor allem mit dem *Present Participle (asking)* im Aktiv, der so genannten *ing*-Form, beschäftigen und mit dem *Past Participle (asked)*.

1.1 *Present Participle*

Wie wird das ***Present Participle*** gebildet?

Die Grundregel lautet:

Regel

> Grundform des Verbs + *-ing*.

fight + -ing = fighting
read + -ing = reading

Allerdings gibt es hier einige Besonderheiten bei der Bildung der Formen zu beachten:

Regel

> Endet ein Verb mit einem *-e*, das nicht gesprochen wird, so fällt dieses *-e* vor *-ing* weg:

write + -ing = writing
come + -ing = coming
take + -ing = taking

Regel

> Endet ein Verb auf einen einfachen Konsonanten (z. B. *l, n, p, g*), wird dieser Konsonant vor *-ing* verdoppelt.
> Das gilt aber nur, wenn vor dem Konsonanten ein einfacher, betonter und kurz gesprochener Vokal steht:

run + -ing = running
begin + -ing = beginning
dig + -ing = digging

Regel

> Endet ein Verb auf *-ie*, so wird dieses *-ie* vor *-ing* zu *-y-*:

die + -ing = dying
lie + -ing = lying

Endet ein Verb auf *-r*, so wird dieses *-r* vor *-ing* verdoppelt.
Das gilt aber nur, wenn ein betonter Vokal vor dem *-r* steht:

Regel

refer + *-ing* = *referring*
occur + *-ing* = *occurring*

Endet ein Verb auf *-l*, so wird dieses *-l* vor *-ing* verdoppelt.
Das gilt aber nur, wenn ein einfacher Vokal davor steht.

Regel

travel + *-ing* = *travelling*[1]
control + *-ing* = *controlling*

[1] *Im amerikanischen Englisch findet man allerdings auch* traveling.

Damit erst einmal genug. Jetzt probiere einmal, diese Regeln in der folgenden Übung anzuwenden.

Übung G1

Bilde das *Present Participle* der folgenden Verben:

1. have ______	11. fulfil ______
2. stop ______	12. burn ______
3. touch ______	13. sell ______
4. feel ______	14. keep ______
5. quarrel ______	15. answer ______
6. put ______	16. fail ______
7. suffer ______	17. become ______
8. win ______	18. sit ______
9. see ______	19. turn ______
10. tie ______	20. stay ______

1.2 *Past Participle*

Das ***Past Participle*** wird oft auch die „dritte Form" genannt. Das kommt daher, dass es in den Verblisten immer als dritte Form angegeben wird, z. B.

(to) go – went – gone
(to) say – said – said

Dies sind beides unregelmäßige Verben, deren Formen man einfach auswendig lernen muss. Eine Liste der wichtigsten unregelmäßigen Verben findest du auf den Seiten 166ff..

Regel

Das *Past Participle* der regelmäßigen Verben wird durch Anhängen von *-ed* an die Grundform gebildet.

walk + -ed = walked
clean + -ed = cleaned
work + -ed = worked

Es gibt auch hier fünf Besonderheiten, die du dir einprägen musst, zumal das *Simple Past* der regelmäßigen Verben genau die gleiche Form wie das *Past Participle* hat.

Regel

Bei einem Verb, das auf einem stummen *-e* endet, wird nur *-d* angehängt.

arrive + -d = arrived
move + -d = moved

Regel

Wenn ein Verb auf *-y* nach Konsonant (*l, p, t, b* usw.) endet, wird dieses *-y* zu *-i-*. Die Endung lautet also *-ied*.

reply + -ed = replied
carry + -ed = carried

Regel

Dagegen bleibt das *-y* nach einem Vokal *(a, e, i, o, u)* erhalten.

enjoy + -ed = enjoyed
destroy + -ed = destroyed

Ein einfacher Konsonant am Ende des Verbs wird nach einfach geschriebenem, kurzem, betontem Vokal verdoppelt.

Regel

stop + -ed = stopped
rob + -ed = robbed

aber: *book + -ed = booked* (doppelter Vokal)

Bei Verben, die auf betontes *-er, -ir* oder *-ur* enden, wird das *-r* verdoppelt.

Regel

prefer + -ed = preferred
occur + -ed = occurred

aber: *offer + -ed = offered* (Betonung auf der ersten Silbe)

Wenn ein Verb auf *-l* endet, so wird dieses *-l* vor *-ed* verdoppelt. Das gilt aber nur, wenn ein einfacher Vokal davor steht.

Regel

travel + -ed = travelled[1]
control + -ed = controlled

[1] *Im amerikanischen Englisch findet man aber auch* traveled.

Auch hier kannst du jetzt testen, ob du dir alles gemerkt hast.

Übung G 2

Bilde das *Past Participle* der folgenden regelmäßigen Verben.

1. change ________	11. allow ________
2. trust ________	12. plan ________
3. cover ________	13. wipe ________
4. satisfy ________	14. murder ________
5. touch ________	15. hurry ________
6. stay ________	16. grin ________
7. complain ________	17. stir ________
8. quarrel ________	18. wonder ________
9. increase ________	19. enter ________
10. supply ________	20. improve ________

Rätsel

Jetzt wird's aber wieder langsam Zeit für ein Rätsel. Auch diesmal kannst du durch logisches Kombinieren die Lösung finden. Viel Spaß!

Tom and Jerry were very happy. Tom had three fruit cakes, and Jerry had two. Then they met Butch, who asked them to share the cakes with him. As they were in such a good mood, they said "Yes", but they couldn't divide the cakes among three, so they decided to cut each cake into three equal-sized pieces. Everyone had some cake and went home happy.

Two weeks later Butch won some money. Remembering how kind Tom and Jerry had been to him, he gave them five crisp, new one-dollar bills to share. Tom said to Jerry, "I had three fruit cakes, so I should get three dollars." Jerry replied, "We both gave as much as we could, so that everybody could have the same, so now we should both get $2.50." As they couldn't agree on how to divide the money, they went back to Butch and asked him what they should do. Butch said, "This was supposed to be a present, and I wanted you to be happy and share the money between the two of you." Then he gave Tom and Jerry the five dollars according to what they each deserved. How much did Tom and Jerry get?

So, nun bist du hoffentlich topfit, was die Bildung des Partizips betrifft und hattest eine kleine Verschnaufpause.

Jetzt aber wollen wir dir zeigen, wie das Partizip im Englischen verwendet wird.

2. Der Gebrauch des Partizips

G

2.1 … als Adjektiv

Regel

Das *Present Participle* und das *Past Participle* werden oft – wie ihre deutschen Entsprechungen – wie Adjektive verwendet; z. B.

a burning house	–	ein brennendes Haus
a deafening noise	–	ein betäubender Lärm
a broken glass	–	ein zerbrochenes Glas
a handknitted jumper	–	ein handgestrickter Pullover
running water	–	fließendes Wasser

Einige englische Partizipformen haben sich zu ganz normalen Adjektiven entwickelt, die du als ganz normale Vokabeln lernen solltest. Wahrscheinlich kennst du einige geläufige bereits. Teste dich mal selbst.

Übung G 3 Übersetze die folgenden deutschen Adjektive ins Englische.

interessant ______________________

aufregend ______________________

langweilig ______________________

überraschend ______________________

überzeugend ______________________

enttäuschend ______________________

zufrieden ______________________

unbekannt ______________________

verlegen ______________________

erfahren ______________________

voreingenommen ______________________

begrenzt ______________________

erfreut ______________________

gebildet ______________________

begabt ______________________

entschlossen ______________________

2.2 … nach bestimmten Verben

Das *Present Participle* kann nach **Verben der Wahrnehmung** stehen, und zwar nach

Wortliste

to see	sehen
to hear	hören
to smell	riechen
to feel	spüren, fühlen
to notice	bemerken
to observe	beobachten
to watch	betrachten, sehen

ebenso wie **nach folgenden Verben**:

to catch fangen, erwischen
to find finden, auffinden
to keep lassen[1]
to leave lassen[1]

Wortliste

[1] *vgl. Kapitel D, S. 71ff.*

Die Konstruktion des *Present Participle* mit diesen Verben sieht folgendermaßen aus:

Jill	*saw*	*the men*	*trying*	*to break into the bank.*
We	*heard*	*you*	*coming.*	
He	*kept*	*me*	*waiting*	*for hours.*

Verb + Objekt + *Present Participle*

Im Deutschen steht hier meist eine **Infinitivkonstruktion** oder ein **Nebensatz mit „wie"**:

Jill beobachtete, wie die Männer versuchten, in die Bank einzubrechen.
Wir hörten dich kommen. Oder: Wir hörten, wie du kamst.
Und:
Er ließ mich stundenlang warten.

Anstelle des *Present Participle* kann im Englischen auch der Infinitiv ohne *to* stehen. Der Bedeutungsunterschied ist nicht sehr groß. Ganz allgemein lässt sich sagen, dass der Infinitiv bei Vorgängen bevorzugt wird, die kurz ablaufen, während das *Present Participle* oft bei längeren Vorgängen steht.

I heard you say that you were new here.
Ich hörte dich sagen, dass du hier neu bist. (Der Vorgang des Sagens ist kurz.)

I saw you playing tennis yesterday.
Ich sah dich gestern Tennis spielen. (Das Tennisspielen ist ein längerer Vorgang.)

Übung G 4

Und jetzt kannst du deine Kenntnisse in einer Übersetzung gleich anwenden.

1. Ich höre sie jeden Abend Klavier spielen.

2. Der Häftling[1] wurde gefangen, als er zu flüchten versuchte.

3. Ich habe Jason noch nie laufen sehen.

4. Ich fühlte, wie es immer kälter wurde.[2]

5. Wir fanden den Verletzten[3] am Boden liegen.

6. Ich rieche[4], dass etwas brennt!

[1] prisoner

[2] *immer kälter werden:* (to) get colder and colder

[3] injured man

[4] can smell

Das *Present Participle* kann aber auch mit anderen Verben verbunden werden.

! Das *Present Participle* kann unmittelbar nach den Verben *(to) come* und *(to) go* stehen.

Im Deutschen verwendet man dagegen meist das Partizip Perfekt.

Anne's dog came running up to me.
Annes Hund kam mir entgegengelaufen.

The motorbike went speeding round the corner.
Das Motorrad kam mit Vollgas um die Ecke gerast.

! Das *Present Participle* und das *Past Participle* können nach folgenden Verben stehen:

(to) lie	liegen
(to) remain	bleiben
(to) sit	sitzen
(to) stand	stehen

Im Deutschen steht oft ein **Nebensatz mit „und"** oder ein **Infinitiv**.

They all stood staring at the poor girl.
Sie standen alle (da) und starrten das arme Mädchen an.

Please remain seated.
Bitte bleiben Sie sitzen.

Nicht nur, wenn jemand etwas macht (im aktiven Sinn), sondern auch, wenn etwas gemacht wird (passiver Sinn), können im Englischen Partizipien stehen.

I heard my name mentioned.
Ich hörte, wie man meinen Namen erwähnte.

She made her voice heard.
Sie konnte sich Gehör verschaffen.

We found the car undamaged.
Wir haben das Auto unbeschädigt gefunden.

Regel

Bei passiver Bedeutung wird das *Past Participle* verwendet.
Die Konstruktion lautet:
Verb + Objekt + *Past Participle*.

Diese Konstruktion ist bei den folgenden Verben möglich:

Wortliste

(to) have	lassen
(to) get	lassen
(to) leave	lassen
(to) find	finden
(to) make	machen
(to) hear	hören
(to) feel	fühlen
(to) see	sehen
(to) want	mögen, wollen
(to) like	mögen, wollen

Übung G5

Nun wollen wir sehen, ob du auch die drei vorangegangenen Regeln in die Praxis umsetzen kannst.

1. Er blieb während des ganzen Gesprächs sitzen.

2. Ich sah mich[1] gezwungen[2], die Wahrheit zu sagen.

3. Sie saß da und schaute in den Spiegel.

4. Ich möchte, dass mein Auto sofort repariert wird.

5. Wir konnten uns nicht verständlich[3] machen.

6. Er ließ sich gestern die Haare färben[4].

[1] myself; [2] *zwingen:* (to) force

[3] *Versuche es einmal mit dem Verb „verstehen"!*

[4] *färben:* (to) dye (dyed)

2.3 … zur Verkürzung von Relativsätzen

[1] Die Besprechung der Relativsätze findest du auf S. 9ff.

! Das *Present Participle* kann im Englischen auch zur Verkürzung eines Relativsatzes[1] verwendet werden. Das Relativpronomen (*who, which, that* usw.) fällt dabei weg, und das Partizip folgt gewöhnlich unmittelbar auf das Substantiv, auf das es sich bezieht.

Many Mexicans who live in America entered the country illegally.
Many Mexicans living in America entered the country illegally.
Viele Mexikaner, die in Amerika leben, sind illegal in das Land gekommen.

The girl who is playing the piano is very talented.
The girl playing the piano is very talented.
Das Mädchen, das Klavier spielt, ist sehr begabt.

Bei der Kommasetzung halte dich einfach an die Regeln, die für die Relativsätze gelten: Müssten danach im Relativsatz Kommas stehen, dann stehen sie auch im verkürzten Relativsatz. Denke noch einmal daran, dass Kommas hier wie kleine Klammern wirken; sie werden nur dann gebraucht, wenn der Relativsatz nicht notwendig ist.

! Wenn der Sinn des Relativsatzes passiv ist, wird das *Past Participle* zur Verkürzung verwendet.

The food which was supplied at the holiday camp was excellent.
The food supplied at the holiday camp was excellent.
Das Essen, das es im Ferienlager gab, war ausgezeichnet.

The souvenirs that are sold here are cheap trash.
The souvenirs sold here are cheap trash.
Die Souvenirs, die hier verkauft werden, sind billiger Kitsch.

! Am Partizipialsatz kannst du nicht erkennen, von welcher Zeit die Rede ist. Das ist nur aus dem Hauptsatz ersichtlich.

Vergleiche die folgenden Sätze:

The boy standing on the bridge is my cousin.
= *The boy who is standing …*

The boy standing on the bridge was the boy everyone was looking for.
= *The boy who was standing …*

The boy standing on the bridge has never been here before.
= *The boy who is standing …*

Wenn du bei einer Übersetzung ins Deutsche einen verkürzten Relativsatz findest, dann schau dir erst den Hauptsatz an, damit du entscheiden kannst, welche Zeit du nehmen musst.

Übung G6

Nun kannst du wieder einmal selbst aktiv werden und die Relativsätze mithilfe von Partizipien verkürzen.

1. The damage which was caused by the demonstrators was very extensive.
2. The people who are suffering most in this cold weather are the old and the poor.
3. The space programme which has been developed by the Americans has become a question of national prestige.
4. The robber, who was carrying a gun, then entered the bank.

Übung G7

Und jetzt geht die Übung in die umgekehrte Richtung.
Forme die Partizipialsätze so um, dass Relativsätze entstehen. Beachte dabei die Zeit des Verbs.

1. Last night my dad caught a man trying to steal our car.
2. The boy dancing with Mandy at the moment comes here every week.
3. The tree lying across the road had been blown down in the storm.
4. The car used by the gangsters had been stolen two weeks before the robbery.

2.4 … zur Verkürzung von weiteren Nebensatzarten

Nun zu einer weiteren Verwendung des *Present Participle* und des *Past Participle*. Sie können zur **Verkürzung von Nebensätzen** verwendet werden. Häufig ist diese Konstruktion nicht nur kürzer, sondern auch **eleganter**.

When I was walking along the street, I suddenly saw her.
Walking along the street, I suddenly saw her.
Als ich die Straße entlanglief, sah ich sie plötzlich.

After he had finished his homework, he went to the cinema.
Having finished his homework, he went to the cinema.
Nachdem er seine Hausaufgaben erledigt hatte, ging er ins Kino.

Man verwendet solche **Partizipialkonstruktionen** zur Verkürzung von **Nebensätzen der Zeit, des Grundes und der Art und Weise**. Bei diesen Konstruktionen steht der Partizipialsatz meist am Anfang, das Subjekt wird nur noch im Hauptsatz erwähnt, die Konjunktion (*when, as, since, because* etc.) entfällt meist.

When Kevin was coming up the stairs, he slipped and fell.
Coming up the stairs, Kevin slipped and fell.
Als Kevin die Treppe hinaufstieg, rutschte er aus und fiel.

Anne opened her handbag and took out her passport.
Opening her handbag, Anne took out her passport.
Anne öffnete ihre Handtasche und nahm ihren Pass heraus.

Der **Partizipialsatz der Zeit** wird im Deutschen meist mit einem Nebensatz mit **„als"** übersetzt.

Turning the corner, I met Peter and David.
Als ich um die Ecke bog, traf ich Peter und David.

Beim **Partizipialsatz des Grundes** verwendet man im Deutschen meist einen Nebensatz mit **„da/weil"**.

Feeling very tired, Sandra went to bed.
Da/weil sie sehr müde war, ging Sandra zu Bett.

Übrigens: Englische Partizipialsätze, die mit ***being*** eingeleitet werden, sind immer Partizipialsätze des Grundes.

Being a student, I don't have much money.
Da ich Student bin, habe ich nicht viel Geld.

Beim **Partizipialsatz der Art und Weise** gebraucht man im Deutschen – je nach Zusammenhang – einen Nebensatz mit **„wobei, indem"** oder ganz einfach **„und"**. Solche Sätze sagen aus, wie etwas passiert.

Using a screwdriver, Robbie managed to open his suitcase.

Es gelang Robbie, den Koffer zu öffnen, indem er einen Schraubenzieher benutzte.

Linda was sitting there reading, looking out of the window every now and then.

Linda saß da und las, wobei sie von Zeit zu Zeit aus dem Fenster schaute.

In den nächsten beiden Übungen wollen wir einmal sehen, ob du mit den Partizipialkonstruktionen zurechtkommst.

Übung G 8

Verkürze folgende Nebensätze.

1. When he arrived home, he was surprised to see all his friends.

   ____

2. He felt extremely exhausted after his long walk and he decided to take a little nap.

   ____

3. As he was a doctor, he immediately rushed to give first aid.

   ____

4. When they met at the party, they were sure they had seen each other before.

   ____

5. He walked through London and somehow felt at home.

   ____

Übung G9

Nun ausnahmsweise eine Übersetzung ins Deutsche.

1. Standing on the corner, I saw the accident happen.

2. You shouldn't smoke when filling up the car with petrol.

3. Being a vegetarian, Elizabeth didn't enjoy the barbecue.

4. Seeing that we couldn't catch the bus, we stopped running.

5. Leaving my plane in Paris, I was told to go to Rome at once.

6. Turning round to me, Sally asked me what I thought of the idea.

Wichtig ist es auch, die **Zeitenfolge** zu beachten. Ist der Vorgang im Nebensatz bereits vollendet, bevor der Vorgang im Hauptsatz einsetzt, wird der Nebensatz mit ***having + Past Participle*** verkürzt.

Having gone to bed late, he felt tired the next morning.
Da er zu spät zu Bett gegangen war, fühlte er sich am nächsten Morgen müde.

Having reached home, I called my girlfriend immediately.
Als (nachdem) ich zu Hause angekommen war, rief ich sofort meine Freundin an.

Ist der Sinn des Nebensatzes **passivisch**, wird er mit ***having been + Past Participle*** verkürzt.

Having been beaten in my last ten matches, I didn't expect to win this one.
Nachdem ich in den letzten zehn Spielen geschlagen worden war, habe ich nicht erwartet, dieses Spiel zu gewinnen.

Having been invited to the party, Joyce went out to buy a gift.

Nachdem Joyce zur Party eingeladen worden war, machte sie sich auf, um ein Geschenk zu kaufen.

Übung G 10

Übersetze die folgenden Sätze:

1. Nachdem er zu Hause angekommen war, ging er sofort unter die Dusche[1].
2. Als ich das Buch ausgelesen[2] hatte, gab ich es meiner Freundin.
3. Da er seine Prüfung nicht bestanden hatte, musste er auch in den Ferien lernen[3].
4. Nachdem er erkannt worden war, wurde er von der Polizei festgenommen.
5. Nachdem die Tiere eingefangen worden waren, konnten sie endlich gefüttert werden[4].

[1] *unter die Dusche gehen:* (to) have a shower

[2] *auslesen:* (to) finish

[3] *lernen:* (to) study

[4] *konnten … gefüttert werden:* were … fed

Wir haben zwar gesagt, dass die Konjunktionen des Nebensatzes wegfallen, wenn der Sinn des verkürzten Satzes eindeutig ist. Es gibt jedoch einige Konjunktionen, die nicht wegfallen dürfen. Man findet sie meist nur verbunden mit dem *Past Participle*.

Wortliste

if	wenn
as if	als ob
as though	als ob
unless	es sei denn, …
though	obwohl, obgleich
although	obwohl, obgleich
till	bis
until	bis

If caught by the police, he will no doubt be arrested.

Falls er von der Polizei gefasst wird, wird er zweifellos verhaftet werden.

Though injured, Boris refused to give up.

Obwohl Boris verletzt war, gab er nicht auf.

Die Konjunktionen ***when*** und ***while*** entfallen oft. Gelegentlich müssen sie jedoch stehen bleiben, um Missverständnisse zu vermeiden.

I usually watch television while talking to Linda on the phone.

Ich sehe meist fern, während ich mit Linda telefoniere.

Lässt man die Konjunktion ***while*** weg, dann lautet der Satz folgendermaßen:

I usually watch television talking to Linda on the phone.

Das würde aber bedeuten, dass der Fernsehapparat mit Linda telefoniert.

Jetzt kannst du selbst einige Nebensätze mithilfe von Partizipien verkürzen. Dabei musst du die Wortstellung ein bisschen umgestalten – falls noch Unsicherheiten vorhanden sind, blättere lieber auf Seite 137ff. zurück.

1. When Sandra was asked to leave the room, she refused.
2. Though they had been warned not to swim in the river, the boys didn't listen to what they had been told.
3. Frank took out a cigarette and started to smoke.
4. The two dogs stood there as if they were rooted to the spot[1].
5. As I was in the neighbourhood, I thought I'd look you up[2].
6. While I was looking for my glasses, I found the letter I had lost.
7. If you are asked to give a short answer, you should give a short answer.
8. As Emma had been told that the exam would be easy, she didn't bother[3] doing any work for it.
9. After I had arrived at the airport, I discovered that I had forgotten my passport.
10. As he has spent so much time in America, Thomas can speak very good English.

[1] *wie angewurzelt*

[2] *vorbeischauen*

[3] *hat sie sich nicht die Mühe gemacht*

2.5 Partizipialsätze mit eigenem Subjekt

Vielleicht ist dir aufgefallen, dass wir es bisher nur mit Sätzen zu tun gehabt haben, in denen es nur ein Subjekt gab.

Feeling ill, John called the doctor.
= *As he felt ill, John called the doctor.*

Das Subjekt (hier also: *John*) des Hauptsatzes bezieht sich auf beide Satzteile.

Es ist aber auch möglich, Sätze zu bilden, in denen das Partizip ein eigenes Subjekt hat.

Martin stood there, his heart pounding.
Martin stand da und sein Herz pochte.

The rain having stopped, we went back into the garden.
Da es zu regnen aufgehört hatte, gingen wir wieder in den Garten.

Solche Sätze findet man am häufigsten in der gehobenen Sprache, während in der Alltagssprache normale Nebensätze meist bevorzugt werden:

As the rain had stopped, we went back into the garden.

Aber, wenn das Partizip ein eigenes Subjekt hat, muss dieses auch ausdrücklich erwähnt werden. Wer das vergisst, stellt oft unbeabsichtigt unsinnige oder komische Zusammenhänge her.

Schauen wir uns einen Satz an, der einen **typischen Fehler** enthält:

**Waiting for a bus, a brick fell on my head.*

Es wird nur ein Subjekt erwähnt; also bezieht sich das Subjekt auf beide Satzteile. Der Satz bedeutet deshalb:

Während ein Ziegelstein auf einen Bus wartete, fiel er (der Ziegelstein) mir auf den Kopf.

Richtig müsste der Satz heißen:

Waiting for a bus, I was hit on the head by a falling brick.
Während ich auf den Bus wartete, wurde ich von einem herunterfallenden Ziegelstein am Kopf getroffen.

Ein weiteres Beispiel für einen typischen Fehler:

**Coming home, dinner was already prepared.*

Hier gibt es nur ein Subjekt, und das bedeutet, dass das Abendessen nach Hause kommt.

Richtig wäre:

Coming home, we found dinner had already been prepared.
Als wir nach Hause kamen, stellten wir fest, dass das Abendessen schon fertig war.

Übung G 12

In dieser Übung kannst du auf Fehlerjagd gehen. Jeder der folgenden Sätze enthält einen Fehler, wie sie oft von Schülerinnen und Schülern gemacht werden. Erkläre kurz, wo der Fehler liegt, und forme die Sätze so um, dass sie grammatikalisch richtig sind.
Übrigens, du musst nicht unbedingt Sätze mit Partizipien bilden, sondern kannst ruhig normale Nebensätze schreiben.

*1. Having put on my raincoat, we are ready to go.

*2. When trying to cross the road, the traffic lights turned red.

*3. Having finished our dinner, I left to go swimming.

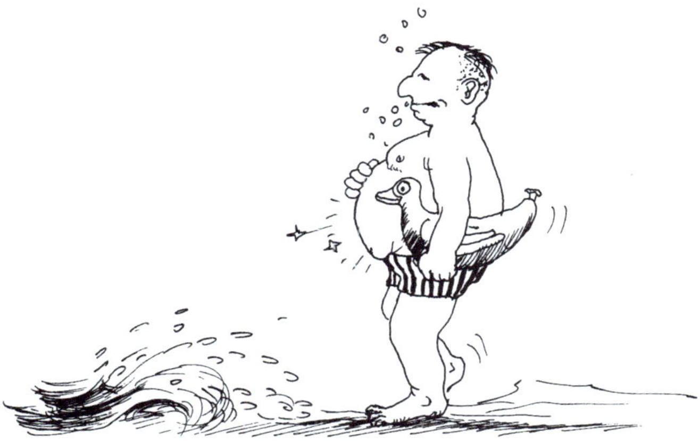

*4. The nice man on the radio entertains us when having our breakfast.

2.6 *with*-Konstruktion

Schließlich ein paar Worte zu einer Konstruktion, die im modernen Englisch sehr beliebt ist:
***with* + Substantiv + Partizip**

Es ist schwer, dir etwas Allgemeingültiges zur Übersetzung von solchen Sätzen ins Deutsche zu sagen, weil das fast immer vom Zusammenhang abhängt. Begnügen wir uns mit zwei Beispielen – in Übung 13 bekommst du sowieso die Gelegenheit, weitere Sätze ins Deutsche zu übersetzen.

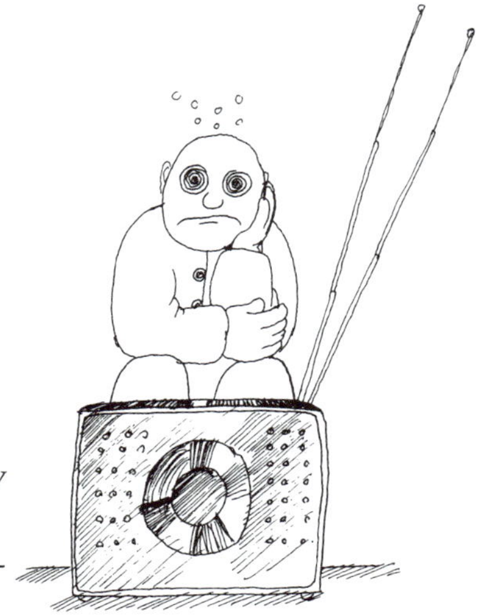

He just sat there with his eyes glued to the TV set.

Er saß nur da und starrte in den Fernseher.

With all these things lying about, I can hardly move.

Ich kann mich bei diesem Durcheinander kaum bewegen.

Zu guter Letzt noch ein paar **Redewendungen**, die bei Kommentaren und dergleichen recht hilfreich sind und die du deswegen auswendig lernen solltest. Diese Ausdrücke gelten als selbstständige Redewendungen, also brauchst du nicht darauf zu achten, welches Subjekt der andere Satzteil hat (man versteht es immer richtig).

Wortliste

generally speaking	allgemein gesehen, im Allgemeinen
roughly speaking	grob gesagt
strictly speaking	streng genommen
supposing	angenommen, also wenn
considering	wenn man bedenkt
talking of	da wir gerade von … reden

Übung G 13

Nun, wie versprochen, eine Übersetzung ins Deutsche, bei der du insbesondere auf die *with*-Konstruktion achten solltest.

1. It's quite nice today, considering it's the middle of January.

2. With Dennis having broken his leg, we couldn't enjoy the rest of our holiday.

3. It's a pity to have to stay indoors with the weather being so fine.

4. How can you concentrate with all this noise going on?

5. The burglar ran away, with Jason's dog following close behind.

6. Strictly speaking, I don't think you're allowed to park here – not with a sign saying "No Parking"!

Übung G 14

Entwirf fünf weitere beliebige Verbotsschilder und verwende dabei das Partizip.

Rätsel

Bevor wir wieder zum Abschlusstest kommen, machen wir noch einmal einen Zwischenstopp, denn wir sind der Meinung, dass du eine Abwechslung verdient hast. Hier geht es jetzt bereits um die „hohe Schule" der ***Logic Problems***, denn dieses Rätsel hat es wirklich in sich. Du weißt ja inzwischen, wie *Logic Problems* gelöst werden; wenn du aber doch noch unsicher sein solltest, so schaue einfach noch mal im Kapitel C nach. Und nun viel Spaß!

Du sollst mithilfe von vier *clues* herausfinden, welche Person *(McArthur, McIntosh, McLean)*, mit welchem Vornamen *(Angus, Heather, Ian)*, aus welchem Ort *(Aberdeen, Dundee, Edinburgh)*, um wie viel Uhr *(8.10, 8.30, 9.00)* in Glasgow ankommt.

Gegeben sind folgende ***clues***:

1. *The train from Aberdeen arrives 20 minutes before Mrs McLean's train.*
2. *Angus gets to the office before 9 o'clock.*
3. *Mr McArthur does not come from Aberdeen.*
4. *The person who comes from Dundee is last to get to work.*

	Aberdeen	Dundee	Edinburgh	Angus	Heather	Ian	8.10	8.30	9.00
McArthur									
McIntosh									
McLean									
8.10									
8.30									
9.00									
Angus									
Heather									
Ian									

Solution:

Name	Surname	Time	Place

Abschlusstest

Nun kannst du ein letztes Mal bei einem Abschlusstest beweisen, dass du das Wichtigste im Kapitel verstanden hast.

a) Verbinde die folgenden Satzpaare durch eine Partizipialkonstruktion.

1. Rosie realized how late it was. She rushed out of the room.
2. Laura finished reading her book. She went to bed.
3. The doctor saw how seriously injured the man was. He decided to operate at once.
4. Mark had been to Wales before. He could imagine what Oliver and Sandra were trying to describe.
5. Mr Baxter opened the case. He took out a bottle of whisky.
6. I caught this boy. He was trying to steal these CDs.

b) Schließlich noch einmal eine Übersetzung ins Deutsche, damit du prüfen kannst, ob du die eigentliche Bedeutung von englischen Partizipialsätzen gut erkennen kannst.

1. Standing on top of the mountain, I felt as if I was the king of the world.
2. Supposing they ask me what age I am, what do I say?
3. Having played tennis all morning, I didn't feel like going swimming with Carol.

4. Looking out of the window, I saw two boys running away from Mr King's garden – with a lot of apples in their pockets.
5. Never having played chess before, I didn't know what to do.
6. With my dad working night shift[1], I hardly ever see him.

[1] *Nachtschicht*

H

Somewhere to live

Working on texts

In der 9., spätestens in der 10. Klasse beginnt die Arbeit mit Texten, die zur Textaufgabe der Oberstufe hinführen soll. Dabei geht es um zwei wichtige Bereiche: das Verstehen eines Textes *(Reading Comprehension)* und die Fähigkeit, selbst eigene Texte zu verfassen.
Als Anleitung dienen ***Worksheets*** mit Fragen zu Sprache, Grammatik und Inhalt eines Textes, anhand derer du dein Textverständnis erarbeiten und beweisen kannst. Zum Abschluss eines *Worksheets* findest du dann erstmals auch Fragen, die über einen vorgegebenen Text hinausgehen und die du mit eigenen Worten beantworten sollst.
Wir wollen dir hier einzelne Fragetypen vorstellen, um dir einen ersten Eindruck dieser Art von Textarbeit ***(Working on texts)*** zu vermitteln.

Als Beispiel haben wir dir hier die Erlebnisse der 17-jährigen Danièle abgedruckt, die ihr Elternhaus verließ, nachdem der Vater arbeitslos geworden war. Ihr Weg führt sie nach London, wo sie ein eigenes Leben beginnen will.

Originaltext

Danièle: "Streets Ahead"

Many of us think that it cannot happen to us. I used to think that. I remember when I first heard about the homeless. I pictured lots of dirty old men smelling of alcohol and sleeping in cardboard boxes on the Embankment[1]. My boarding school[2] told us a few things about the homeless. [...] What I heard touched my heart but I never thought that I could be one of them.

[1] Embankment: road along the Thames in London; [2] boarding school: school at which pupils live

When the recession[1] hit, the boarding school fees[2] were no longer affordable. I did not have the option of living with my parents. I went to many organizations set up to help people, and eventually was moved into Centrepoint Night Shelter in Soho[3]. I was there for six days until I was moved into a hostel. From there I decided to finish my education. I enrolled in a college[4] so I could take Maths and English 'A' levels. The whole thing was a disaster.

I had to sign on for income support, a matter I knew nothing about, and went six weeks without money. […] I did not know where to go for help and felt lost in the big world. After going eight days without food I got caught up in a whirlwind[5] of begging and using day centres for help and advice.

It upset me deeply to know what really happened on the streets and what the homeless have to go through. I find it hard to accept that somehow I ended up in the same boat. It can happen to anyone, and it is a hard circle of events to break free from. […] Hopefully in time I will be able to finish my education and lead a normal life in society again.

1 recession: period during which there is less business activity, less money to earn, where people lose their jobs; 2 fee: money you have to pay for a doctor, a lawyer, a school; 3 Centrepoint Night Shelter in Soho: shelter for the homeless in London; 4 to enroll in a college: to join a school, to registrate in an college; 5 whirlwind: extremely strong wind that moves with circular movements

1. Sprache und Grammatik

Voraussetzung für das Textverständnis ist die Kenntnis von Wortschatz und Grammatik.
Am wichtigsten sind hierbei Fragen zu ***synonyms*** und ***paraphrases***.

Synonyms sind bedeutungsgleiche oder in der Bedeutung sehr ähnliche Wörter.

(to) run – (to) rush
(to) realize – (to) understand/(to) become aware (that)
(to) arrive at – (to) get to

Bei den ***paraphrases*** (Umschreibungen) handelt es sich um mehrere Wörter bzw. Satzteile oder auch ganze Sätze, mit denen ein bestimmtes Textstück umschrieben werden soll. Wichtig ist, dass die zu erklärenden Wörter des Textes nicht mehr benützt werden dürfen.

Ein Beispiel aus unserem Text wäre:

I used to think that. *(line 1)*

Eine Umschreibung wäre:

I always thought that.

Gelegentlich wirst du auch Fragen finden nach den ***opposites***, den Wörtern, die das Gegenteil bedeuten.

(to) like – (to) dislike
interested – uninterested
future – past

Schauen wir doch einmal, ob du diese drei Begriffe auf den Text anwenden kannst, der am Beginn des Kapitels abgedruckt ist.

Übung H1

Find *synonyms* for:

1. to remember *(l. 1)* ______________________________
2. to picture *(l. 2)* ______________________________
3. no longer *(l. 6)* ______________________________
4. to set up *(l. 8)* ______________________________
5. eventually *(l. 8)* ______________________________
6. to finish *(l. 10)* ______________________________

Übung H2

Find *paraphrases* for the underlined expressions:

1. I did not have the option to live with my parents. *(l. 7)*
2. The whole thing was a disaster. *(l. 11)*
3. It upset me deeply to know … *(l. 16)*

Übung H3

Find *opposites* for:

1. to remember *(l. 1)* ______________________________
2. dirty *(l. 2)* ______________________________
3. to sleep *(l. 3)* ______________________________
4. recession *(l. 6)* ______________________________

5. disaster (l. 11) ______________________________

6. to upset someone (l. 16) ______________________________

7. hard (l. 17) ______________________________

Auch **Grammatikfragen** gehören zur Textarbeit.
Diese Fragen können so vielfältig sein, dass es nicht möglich ist, sie an dieser Stelle aufzuzählen. Außerdem wird meist das, was du in den vorangegangenen Stunden erarbeitet hast, überprüft. Daher weißt du also in etwa, was dich erwartet.

Denkbar wäre im Fall unseres Textes zum Beispiel eine Übung, in der es um die Überprüfung von Frageformen geht.

Übung H 4

Frage nach den unterstrichenen Satzteilen.

1. Many of us think that it cannot happen to us.

2. I remember when I first heard about the homeless. *(l. 1)*

3. I pictured lots of dirty old men smelling of alcohol. *(l. 1/2)*

4. My boarding school told us a few things about the homeless. *(l. 3/4)*

5. What I heard touched my heart but I never thought that I could be one of them. *(l. 4/5)*

H

2. Textverständnis

Der nächste Schritt sind die Fragen zum Text, aus denen hervorgeht, ob du ihn verstanden hast.
Da gibt es natürlich verschiedene Schwierigkeitsgrade.
Denkbar sind Fragen, die du einfach mit Ja oder Nein beantworten musst. Man nennt sie ***true-false*-Fragen**.
Auch ***multiple-choice*-Fragen** sind vorstellbar, bei denen du aus mehreren möglichen Antworten eine oder mehrere mögliche richtige heraussuchen musst.

Die eigentliche Textarbeit beginnt jedoch erst mit den ***Questions on the text***, bei denen du zeigen kannst, ob du einen Text wirklich verstanden hast.

Dabei solltest du verschiedene Dinge beachten:

Es ist ganz wichtig, dass du dir Zeit nimmst, den Text **zweimal** zu lesen. Das erste Lesen dient dem ungefähren Verstehen des Inhalts. Erst beim zweiten Lesen solltest du dich bemühen, den Text in allen seinen Einzelheiten zu verstehen. Dann solltest du auch einen Stift oder Textmarker nehmen und die Stellen im Text **markieren**, die für die Beantwortung der gestellten Fragen wichtig sind.

Übung H5

Versuche es einmal bei unserem Text. Beachte dabei, dass du dich bemühen solltest, die Fragen möglichst mit eigenen Worten zu beantworten und dich, so weit du kannst, von der Vorlage zu lösen.

1. What was Danièle's idea of homeless people before she herself became homeless?
2. What exactly did Danièle learn at school about the homeless?
3. Where did she end up when she first came to London?
4. What did she do to improve her situation?
5. How did her attitude towards the homeless change?

H 3. Fragen, die über den Text hinausgehen

Im dritten Teil des *Worksheets* geht es um deine Meinung, deine Ansichten. Hier wirst du Fragestellungen vorfinden, die du ganz eigenständig bearbeiten musst. Da du diese Fragen relativ unabhängig vom vorliegenden Text beantworten musst, ist dieser Aufgabenteil sicherlich auch der schwierigste.

Wir wollen dir hier nur eine Vorstellung davon geben, wie solche Fragen aussehen könnten. Vielleicht macht es dir ja Spaß, die Fragen für dich alleine zu beantworten.

1. *Danièle had to live without an income for six weeks. Write a diary about what might have happened to her and about her feelings and thoughts.*
2. *Why did Danièle become homeless? For what other reasons can one become homeless?*
3. *"Homelessness can happen to anyone." Do you think this is true?*

Play it again, Sam …

Wiederholung

In diesem letzten Kapitel geben wir dir Gelegenheit zu prüfen, ob du den Stoff der beiden „mentor Lernhilfen“ zur englischen Grammatik der 9./10. Klasse verstanden und behalten hast.
Beginnen wir mit **Band 2**.

1. „Grammatik 2“

Als kleine Hilfestellung geben wir dir bei jeder Übung jeweils einen Hinweis in Klammern, wo du die notwendigen Erklärungen findest, falls du noch Fragen haben solltest.

Singular/Plural (vgl. „Grammatik 2“, Kap. B)
Übersetze ins Englische.

Übung I1

1. Ist meine Hose zu bunt[1]? ______________________________

____

2. Die Informationen, die ich gestern bekommen habe, waren sehr interessant. ______________________________

____

3. Die USA stecken[2] in einer Wirtschaftskrise[3]. ______________________________

____

____

4. (Die) Fortschritte in der Mikroelektronik[4] waren[5] in den letzten Jahren[6] spektakulär[7]. ______________________________

____

5. Ich finde meine Brille nicht. ______________________________

____

[1] bright

[2] (to) be in the middle of; [3] economic crisis

[4] in the field of microelectronics; [5] Present Perfect; [6] in recent years; [7] spectacular

Übung 12

Unvollständige Hilfsverben (vgl. „Grammatik 2", Kap. C)
Übersetze ins Englische.

1. Ich konnte die Sendung gestern Abend nicht sehen. ____________________

____

2. Das dürfte mein Vater sein. ____________________

____

3. Du musst nicht alles essen, wenn du nicht willst. ____________________

____

4. Er soll über 30 sein, aber er sieht jünger aus. ____________________

____

5. Ich darf keine Süßigkeiten essen. ____________________

____

Übung 13

Relativsätze (vgl. „Grammatik 2", Kap. A)
Setze Kommas ein, wo nötig.

1. My uncle George who is a politician goes on holiday three times a year.
2. People who drink alcohol shouldn't drive.

Verbinde die Satzpaare mit einem Relativpronomen.

3. Barbara didn't pass the exam. That doesn't surprise me. ____________________

____

4. Mr Conners was taken away by the police. He had admitted stealing the jewels. ____________________

____

5. After two hours Pam managed to find the ring. She had lost it in the garden. ____________________

____

„lassen" (vgl. „Grammatik 2", Kap. D)
Übersetze ins Englische.

Übung 14

1. Wo habe ich (bloß) meine Brille gelassen? ______________________

____

2. Wir lassen[1] (uns) neue Fenster einbauen[2]. ______________________

____

[1] *Verlaufsform;* [2] put in

3. Unser Vermieter[3] lässt uns keine Haustiere[4] halten[5]. ______________

____

____

[3] landlord; [4] not … any pets; [5] keep

4. Seine Eltern lassen ihn jeden Tag das Geschirr abwaschen. – Er hasst es!

____

____

5. Lass (doch) den Hund in Ruhe[6]. ______________________

____

[6] *in Ruhe:* in peace/alone

Simple Past/Present Perfect (vgl. „Grammatik 2", Kap. E)
Setze entweder das ***Simple Past*** oder das ***Present Perfect*** der in Klammern angegebenen Verben ein.

Übung 15

1. My brother ____________ *(be)* a chess champion when he ____________ *(be)* young, but he ______________ *(not, play)* for years now.

2. Come on! Frank is here and you ______________ *(not, even, put)* on your make-up yet.

3. ______________ *(you, go)* to the bank this morning? No, but it's all right, I'll go now.

4. I ______________ *(meet)* Bob last week. Do you know he still _______ _______ *(not, pass)* his driving test?

5. How ______________ *(be)* the match last week? – I ______________ *(see)* better ones!

Übung 16

Einfache Form und Verlaufsform des Verbs (vgl. „Grammatik 2", Kap. F)
Verlaufsform oder einfache Form? Setze die richtige Zeitform des Verbs ein. Die Zeit (das Tempus) ergibt sich aus dem Zusammenhang.

1. What _______________ *(you, do)* when I called? – I _______________ *(cut)* the grass.
2. I _______________ *(work)* as a barmaid in our local pub at the moment. You know, some of the men _______________ *(come in)* at 5 every day and _______________ *(stay)* until closing time!
3. My dad _______________ *(work)* in an office, but he _______________ (think) of trying to find something a bit more interesting.
4. Someone _______________ *(break in)* and _______________ *(steal)* Mrs Taylor's video recorder while she _______________ *(sit)* in the garden.
5. Mr Anderson's two boys _______________ *(always, fight)*!

Übung 17

Partizipien (vgl. „Grammatik 2", Kap. G)
Übersetze ins Deutsche.

1. The train now approaching Platform 7 is the express train from London.
2. That poor dog looks stupid with its hair tied up in ribbons.
3. When asked if he'd had a nice time at the party, Simon just nodded his head.
4. Picking up his jacket, Trevor stormed out of the room, saying he'd never be back.
5. Looking up from my desk, I realized that I was not alone in the room.

2. „Grammatik 1"

I

Indirekte Rede (vgl. „Grammatik 1", Kap. A)
Bilde die indirekte Rede.

Übung 18

1. "I can't understand what Mark is saying."

   Nick said that ______________________________

   ____

2. "What time is it?"

   Dave asked ______________________________

   ____

3. "Are you enjoying the party?"

   Helen asked me ______________________________

   ____

4. "Where's mum?" – "Playing tennis."

   Keith asked ______________________________

   and I said ______________________________

   ____

5. "Take your coat off and sit down."

   Neil told me ______________________________

   ____

Gerundium/Infinitiv (vgl. „Grammatik 1", Kap. B und C)
Setze das Gerundium oder den Infinitiv des in Klammern angegebenen Verbs ein.

Übung 19

1. That girl just can't stop ____________________ *(talk)*.
2. I remember ____________________ *(be)* shocked when Kevin told me he had forgotten ____________________ *(turn off)* the cooker.
3. Andy suggested ____________________ *(take)* a taxi.

4. I love ____________________ *(swim)*, but I'd hate ____________________ (go) for a swim in that river.

5. I'm sorry, I didn't mean ________________________ *(hurt)* your feelings.

Übung I 10

Phrasal Verbs (vgl. „Grammatik 1", Kap. E)
Setze die richtige Präposition bzw. das richtige Adverb ein.

1. Take ______________ your wet socks!

2. I don't know how he can put ___________ ___________ so much stress.

3. Calm _____________ ! You'll tear ______________ the whole phone book if you're not careful.

4. He turned ______________ my offer.

5. Write ________________ your phone number for me, and I'll call you ______________ some time.

Übung I 11

Artikel (vgl. „Grammatik 1", Kap. D)
Mit oder ohne ***the***?

1. Although _____ most people like going to the south for a holiday, I prefer going to _____ Switzerland.

2. Lucky Keith! He left _____ school last week and he's found a job already.

3. _____ people who were injured in the accident have been taken to _____ hospital.

Setze, falls nötig, ***a/an*** bzw. ***some, a piece of, a pair of*** ein.

4. What ______________ terrible weather.

5. My dad is ______________ electrician, and my mum is ______________ teacher.

6. As ______________ child I didn't have much money. In fact, my parents couldn't even afford to buy me ______________ glasses, although my eyesight was terrible.

Adjektiv/Adverb (vgl. „Grammatik 1“, Kap. E)
Streiche das falsche Wort bei den folgenden Wortpaaren aus.

Übung 112

1. That cake smells good/well.

2. Brenda did very good/well in her exam.

3. Mike looks strange/strangely with a tie on.

4. Have you seen Chris late/lately?

5. Mr Boothe looked at us angry/angrily – and we ran away as quick/quickly as we could.

Da bleibt mir ja die Luft weg ...

***In „Grammatik 1" (ML 550) beschäftigten sich die Lerntipps mit dem Thema Klassenarbeiten. Aber nicht nur Klassenarbeiten kosten Nerven. Auch das tägliche Schulleben ist reich an brenzligen Situationen: abgefragt werden, Referate halten, eigene Meinungen vertreten ...
Da kann einem schon mal das Herz rasen.***

Stress angesagt? Ach was! Auch dagegen kannst du etwas tun:

Wenn du in solchen Situationen nervös und gestresst bist, merkst du oft gar nicht, dass du ganz anders atmest als im Normalzustand: nämlich sehr flach und schnell ein und nur unvollständig aus.

So bleibt immer ein erheblicher Rest an verbrauchter Luft in deiner Lunge. Deshalb führt diese Stressatmung zu einer gewissen Unterversorgung des Gehirns mit Sauerstoff!

Dabei brauchen wir das Gehirn natürlich für geistige Leistungen am allermeisten. Wer Angst hat, schneidet in einer Klassenarbeit also vielleicht schon deshalb schlechter ab, weil sein Gehirn nicht zur vollen Leistung fähig ist.

Die Atemtechniken, die wir dir im Folgenden vorschlagen, sollen dir in solchen Situationen dabei helfen, wieder zu einer normalen, gesunden Atmung zurückzukehren. Sie sind üblicherweise sehr wirksam, weil sie am direktesten das Nervensystem beeinflussen können.

Sie helfen auch bei Unruhezuständen, z.B. bei starkem Ärger, Unkonzentriertheit oder Fahrigkeit. Du kannst die Übungen auch anwenden, wenn du bei anderen Gelegenheiten nervös bist. Für diese Techniken gilt dasselbe wie für jede andere Art von Entspannungsübung auch:

- Du musst sie einige Zeit regelmäßig trainieren, um sie dann im „Krisenfall" zu beherrschen (am besten fünfmal täglich, jeweils 1-2 Minuten bei geöffnetem Fenster).
- Sie helfen dir nur die Symptome der Angst zu verringern, lösen jedoch die eigentlichen Ursachen deiner Nervosität bzw. Angst nicht.
- Ob dir diese Form von Entspannungsübungen liegt, kannst du nur feststellen, wenn du sie ein oder zwei Wochen regelmäßig ausprobiert hast. Merkst du dann, dass sie dir nichts bringen, dann suche dir eine andere Entspannungsform. Es gibt nicht **die** Technik, die allen hilft!

Hier einige allgemeine Hinweise zu den Übungen

Die erste der Übungen (Weg des Atems) kann man sogar „öffentlich", also beispielsweise während einer Klassenarbeit, durchführen, weil sie ganz unauffällig ist; die anderen Übungen dienen dazu, dir langfristig und unabhängig von einer bestimmten Situation zu innerer Ruhe zu verhelfen.

Die halbe Minute oder Minute, die eine solche Übung dauert, ist selbst während einer Arbeit gut angelegt – denn wenn du vor lauter Stress gar nichts mehr aufs Blatt bringst, verlierst du viel mehr.

Damit die Übungen wirksam sind, musst du dich in der kurzen Zeit, in der du sie ausführst, ganz auf sie konzentrieren, musst versuchen, für diese paar Sekunden an nichts anderes zu denken. Du spürst nur deine Atmung, dich selbst und deine ganze innere Kraft.

Die Atemübungen sind verträglich
für fast alle Menschen.
VORSICHT JEDOCH:
Asthmatiker sollten sie nur nach
Rücksprache mit dem Arzt anwenden;
bei manchen Asthmatikern führt nämlich
die Konzentration auf die Atmung nicht zur
Entspannung, sondern zur Verkrampfung
und damit unter Umständen zu
einem Asthmaanfall.

Manchmal (abhängig vom Blutdruck) kann es auch zu leichten Kopfschmerzen oder Schwindelgefühlen kommen; dann sollte man einfach mit der Übung aufhören.

Richtiges Atmen umfasst zweierlei:

➢ nicht nur in den Brustraum zu atmen, sondern in den Brust-, Bauch- und Rippenraum („Vollatmung"); beim Einatmen hebt sich dann der Bauch, beim Ausatmen senkt er sich, und die Schultern bleiben dabei völlig ruhig (nicht hoch ziehen!);

➢ etwas länger auszuatmen als einzuatmen, damit die ganze Restluft, auch die unten an den Lungenspitzen, hinausbefördert wird. Wenn man normal atmet, holt man manchmal tief Luft und atmet ebenso kräftig aus – das sind die Atemzüge, in denen nachgeholt wird, was man sonst versäumt.

  Ob man beim Ausatmen auch die Restluft hinausbefördert, kann man daran merken, dass diese Restluft etwas wärmer ist als die normale ausgeatmete Luft – sie befindet sich ja schon länger im Körper.

Während einer Atemübung konzentrierst du dich ganz auf die Atmung, um auf diese Weise möglichst wenig zu denken – du spürst nur, wie die Luft hinein- und wieder hinausströmt. Sitze dabei gerade, aber biege den Rücken nicht zum Hohlkreuz durch.

Und jetzt verschiedene

Übungsformen:

Weg des Atems

Spüre dem Weg des Atems nach: wie er durch die Nase oder den Mund hereinströmt, durch den Hals hinunter in den Oberkörper zieht, wie sich der Oberkörper und der Bauch weiten. Spüre, wie der Atem von innen her am Rücken entlangzieht und ihn gleichsam streichelt.

Und spüre dann, wie der Atem dich wieder verlässt – Schritt für Schritt.

Wenn du die Übung öfters machst, kannst du dir auch vorstellen, dass du den Atem durch deinen restlichen Körper schickst – in die Arme, in die Beine, in den (oft sehr verspannten) Nacken oder den Kopf. Das ist natürlich nur eine Vorstellung, aber sie hilft dabei, sich körperlich zu entspannen.
Diese Übung „Weg des Atems" ist besonders für ein unauffälliges Atem„training" während der Klassenarbeit oder der Stunde geeignet.

Begrüßung der Sonne

Beim Einatmen die nach vorne gehaltenen Arme hoch ziehen, beim Ausatmen absenken.

Langsam durchführen! Stelle dir vor, wie vor dir die große Sonne ist, die du begrüßt.

Vogelschwingenatmen

Beim Einatmen die Arme wie die Flügel eines Vogels ganz langsam seitlich hoch ziehen, beim Ausatmen absenken. Die Bewegung musst du ruhig und gleichmäßig durchführen. Auch wenn's komisch wirkt: Am besten ist es, wenn du dich dabei im Raum bewegst – besser gesagt: schwebst wie ein Vogel. Stelle dir sogar richtiggehend vor, du seiest ein Vogel und schwebtest dahin. Solche bildlichen Vorstellungen wirken zusätzlich entspannend, weil sie deine Gedanken von dem Stress, der dich quält, weglenken.
Diese Übung dient wie die nächste dazu, den Oberkörper während des Einatmens zu weiten bzw. ihn kleiner zu machen, um das Ausatmen zu unterstützen.

Reinigungsatmen

Atem stoßweise (klingt wie eine Dampflok) oder unter langem Zischen abgeben, bis nichts mehr geht. Nicht zu früh aufhören – wenn man meint, man müsse aufhören, ist meist immer noch Restluft im Oberkörper. Bei dieser Übung muss man oft husten – ein gutes Zeichen, weil dabei die Lunge gereinigt wird.

Holzfälleratmung

Mit den Armen vollziehst du die Bewegung des Holzfällers nach, der einen am Boden liegenden Baum bearbeitet: Beim Einatmen die nach vorne gehaltenen Arme hoch ziehen, beim Ausatmen absenken und sich zugleich nach vorne beugen, bis die Arme den Boden berühren. Du kannst auch die Arme zwischen den gegrätschten Beinen nach hinten bewegen. Auch hier kannst du mit einer bildlichen Vorstellung die Wirkung der Übung steigern: Du stehst im Wald, riechst die gute Luft, hörst die Geräusche von Vögeln und Insekten, spürst das sanfte Wehen des Windes ...

Liste der unregelmäßigen Verben

Infinitive	*Simple Past*	*Past Participle*	**Übersetzung**
be	was	been	sein
beat	beat	beaten	schlagen
become	became	become	werden
begin	began	begun	anfangen
bend	bent	bent	biegen
bet	bet, betted	bet, betted	wetten
bite	bit	bitten	beißen
blow	blew	blown	blasen
break	broke	broken	(zer)brechen
bring	brought	brought	(her)bringen
build	built	built	bauen
burn	burnt, burned	burnt, burned	(ver)brennen
buy	bought	bought	kaufen
catch	caught	caught	fangen
choose	chose	chosen	wählen
come	came	come	kommen
cost	cost	cost	kosten
cut	cut	cut	schneiden
dig	dug	dug	graben
do	did	done	tun; machen
draw	drew	drawn	ziehen; zeichnen
dream	dreamt, dreamed	dreamt, dreamed	träumen
drink	drank	drunk	trinken
drive	drove	driven	fahren
eat	ate	eaten	essen
fall	fell	fallen	fallen
feed	fed	fed	füttern
feel	felt	felt	(sich) fühlen
fight	fought	fought	kämpfen
find	found	found	finden
fly	flew	flown	fliegen
forget	forgot	forgotten	vergessen
forgive	forgave	forgiven	vergeben
freeze	froze	frozen	frieren
get	got	got	bekommen, kriegen
give	gave	given	geben

Infinitive	*Simple Past*	*Past Participle*	**Übersetzung**
go	went	gone	gehen; fahren
grow	grew	grown	wachsen
hang	hung	hung	hängen
have	had	had	haben
hear	heard	heard	hören
hide	hid	hidden	(sich) verstecken
hit	hit	hit	schlagen
hold	held	held	halten
hurt	hurt	hurt	wehtun
keep	kept	kept	behalten
know	knew	known	wissen; kennen
lay	laid	laid	legen
lead	led	led	führen
lean	leant, leaned	leant, leaned	lehnen
learn	learnt, learned	learnt, learned	lernen
leave	left	left	lassen; verlassen
lend	lent	lent	(aus)leihen
let	let	let	lassen
lie	lay	lain	liegen
lose	lost	lost	verlieren
make	made	made	machen
mean	meant	meant	bedeuten
meet	met	met	treffen; begegnen
pay	paid	paid	bezahlen
prove	proved	proved, proven	beweisen
put	put	put	legen; setzen; stellen; stecken
read [riːd]	read [red]	read [red]	lesen
ride	rode	ridden	reiten
ring	rang	rung	läuten
rise	rose	risen	aufstehen; aufgehen (Sonne)
run	ran	run	laufen, rennen
say	said	said	sagen
see	saw	seen	sehen
sell	sold	sold	verkaufen

Infinitive	*Simple Past*	*Past Participle*	**Übersetzung**
send	sent	sent	schicken
set	set	set	setzen; stellen
sew	sewed	sewn, sewed	nähen
shake	shook	shaken	schütteln
shine	shone	shone	scheinen
shoot	shot	shot	schießen
show	showed	shown, showed	zeigen
shut	shut	shut	schließen
sing	sang	sung	singen
sink	sank	sunk	sinken; versenken
sit	sat	sat	sitzen
sleep	slept	slept	schlafen
slide	slid	slid	(aus)rutschen
smell	smelt, smelled	smelt, smelled	riechen
speak	spoke	spoken	sprechen
spell	spelt, spelled	spelt, spelled	buchstabieren
spend	spent	spent	ausgeben; verbringen
stand	stood	stood	stehen
steal	stole	stolen	stehlen
stick	stuck	stuck	kleben
sting	stung	stung	stechen
strike	struck	struck	schlagen, hauen
swim	swam	swum	schwimmen
take	took	taken	nehmen
teach	taught	taught	lehren, unterrichten
tear	tore	torn	(zer)reißen
tell	told	told	sagen; erzählen
think	thought	thought	denken
throw	threw	thrown	werfen
understand	understood	understood	verstehen
wake	woke, waked	woken, waked	aufwachen; wecken
wear	wore	worn	tragen (Kleidung)
win	won	won	gewinnen
write	wrote	written	schreiben

Kleines „Lexikon" grammatischer Begriffe

Adjektiv: *adjective*	**Eigenschaftswort** z. B. *clear, awful, good, fast*
Adverb: *adverb (of manner, of place, of time …)*	**Umstandswort** der Art und Weise, des Ortes, der Zeit … z. B. *clearly, awfully, well, fast, here, never*
adverbial clause: adverbialer Nebensatz	z. B. *It was late* ***when she arrived****.*
Aktiv: *active (voice)*	Tatform → Passiv
Artikel: *article*	**Geschlechtswort** → bestimmter Artikel, unbestimmter Artikel
bestimmter Artikel: *definite article*	z. B. ***the*** [ðə] *song,* ***the*** [ðiː] *album*
unbestimmter Artikel: *indefinite article*	z. B. ***a*** *song,* ***an*** *album*
attributiv	Stellung des Adjektivs vor einem Substantiv → prädikativ z. B. *He's a sick man.*
auxiliary	→ **Hilfsverb** → *modal auxiliaries*
comparison	→ **Steigerung**
Conditional	**Bedingungsform, Konditional** z. B. *He* ***would help*** *me if he could.*
Conditional Perfect (auch: *Conditional II*)	**Konditional II** z. B. *I* ***would have done*** *it.*
Future (auch: *Future I* bzw. *will-future*)	**Zukunft, Futur** z. B. *I'****ll help*** *you. You* ***won't believe*** *it.*
Future Perfect (auch: *Future II*)	**vollendete Zukunft, Futur II** z. B. *He'****ll have finished*** *work by eight o'clock.*
Genitiv: *genitive*	**Besitzfall**, auch *s*-Genitiv oder mit *of* z. B. ***Bob's*** *watch, the top* ***of*** *the box.*
Gerund	**Gerundium** z. B. ***Reading*** *comics is my favourite pastime.*
Hilfsverb: *auxiliary*	Kommt nur zusammen mit Vollverb vor → Vollverb z. B. *have* in: *I* ***have*** *been there.*
indirekte Rede	→ *reported speech*
Infinitiv: *infinitive*	**Grundform, Nennform** z. B. *I want* ***to leave****. You can* ***go****.*

intransitives Verb	Verb ohne direktes Objekt → transitives Verb z. B. *break* in: *My glass **broke**.*
Konjunktion	**Bindewort** z. B. *but, and, or, because, while*
Konjunktiv *subjunctive*	**Möglichkeitsform** z. B. *If I **were** you ...*
Konsonant *consonant*	**Mitlaut** → Vokal z. B. *b, d, g, k, l, m*
modal auxiliaries	**unvollständige Hilfsverben** wie *can, may* und *must*, die „Ersatzverben" *(be able to, be allowed to, have to)* haben, um andere Zeiten als das *Present Tense* zu bilden
Nomen: *noun*	→ **Substantiv**
Objekt: *object*	**Satzergänzung** → Subjekt z. B. *cats* in: *My dog hates **cats**.*
Partizip Perfekt: *past participle*	**Mittelwort der Vergangenheit**, die „dritte Form" z. B. *helped, done, seen*
Partizip Präsens: *present participle*	**Mittelwort der Gegenwart** z. B. *seeing, coming, lying*
Passiv: *passive (voice)*	**Leideform** → Aktiv z. B. *My car **was stolen** ...*
Past	**Vergangenheit, Präteritum** eigentlich *Past Tense* und Oberbegriff für → *Simple Past* und → *Past Progressive*, wird aber oft mit *Simple Past* gleichgesetzt
Past Perfect	**vollendete Vergangenheit, Plusquamperfekt** z. B. *I **had** never **seen** her before.*
Phrasal Verb	**Verb kombiniert mit Präposition oder Adverb** z. B. *Linda was **running about** in the park.*
Plural: *plural*	**Mehrzahl** → Singular z. B. *boys, stories, children*
Possessivbegleiter	**besitzanzeigender Begleiter** (steht immer mit einem Substantiv zusammen!) z. B. ***my** (friend), **your** (house), **our** (teacher), **their** (books)*
Possessivpronomen	**besitzanzeigendes Fürwort** (steht im Gegensatz zum Possessivbegleiter ohne Substantiv!) z. B. *mine, yours, ours, theirs*
prädikativ:	Stellung des Adjektivs nach *(to) be, (to) get* usw. → attributiv z. B. *She's ill.*

Präposition: *preposition* — **Verhältniswort**
z. B. *in, on, for, after*

Präsens — → *Present*

preposition — → **Präposition**

Present — **Präsens, Gegenwart**
eigentlich *Present Tense* und Oberbegriff für → *Simple Present* und → *Present Progressive*, wird aber oft mit *Simple Present* gleichgesetzt

Present Perfect — **vollendete Gegenwart**
z. B. *I've **seen** the film.*

Present Perfect Progressive — **Verlaufsform des *Present Perfect***
z. B. *I've **been waiting** for hours.*

Present Progressive — **Verlaufsform des Präsens**
z. B. *The children **are playing** in the garden.*

Progressive/ Continuous Form — **Verlaufsform**
z. B. *I **am working*** → ***Tenses***

Pronomen: *pronoun* — **Fürwort**, z. B. Personalpronomen *(I, you, he …)*

Question Tag — **Frageanhängsel**
z. B. *It's hot, **isn't it**?*

Relative Clause — **Relativsatz**
z. B. *This is the bicycle **which was stolen**.*

Relative Pronoun — **Relativpronomen**
z. B. *who, which, what, that, whose, whom* etc.

Reported Imperative — **indirekter Befehl/indirekte Bitte**
z. B. *He told us to leave the classroom.*

Reported Speech — **indirekte Rede**
z. B. *She said (that) she was very happy.*

Simple Form — **Gegenteil von →** ***Progressive Form***
z. B. *I work* → ***Tenses***

Singular: *singular* — **Einzahl** → Plural
z. B. *boy, story, child*

Steigerung: *comparison (of adjectives and adverbs)* — z. B. *fast, **faster, fastest**; good, **better, best**; clearly, **more clearly, most clearly***

Subjekt: *subject* — **Satzgegenstand** → Objekt
z. B. *my dog* in: ***My dog** hates cats.*

Substantiv: *noun* — **Hauptwort, Nomen**
z. B. *boy, table, oil, idea*

Tenses:	**Zeiten, Tempus:**	
	Simple Form	***Progressive Form***
Present Tense	*I work*	*I am working*
Past Tense	*I worked*	*I was working*
Present Perfect	*I have worked*	*I have been working*
Past Perfect	*I had worked*	*I had been working*
Future I	*I will work*	*I will be working*
Future II	*I will have worked*	*I will have been working*
Conditional I	*I would work*	*I would be working*
Conditional II	*I would have worked*	*I would have been working*

transitives Verb
Verb mit direktem Objekt → intransitives Verb
z. B. *break* in: *I **broke** a glass.*

Verb
→ Vollverb, Hilfsverb

Vokal: *vowel*
Selbstlaut → Konsonant
a , e, i, o, u

Vollverb
kann allein im Satz vorkommen → Hilfsverb
z. B. *have* in: *I **had** a cup of tea.*

E

F

G

H

L

M

O

P

R

S

T

V

W

Z

Nach dem Heraustrennen bitte hier klammern

mentor Lernhilfe

Englisch

9./10. Klasse

Grammatik 2:

Present und Past Tenses, Relativsätze, Hilfsverben, Partizipien

Dr. Vincent Docherty
Gerhard Schmidt

Lösungsteil

(an der Perforation heraustrennen)

In Zusammenarbeit mit Langenscheidt

mentor
Eine Klasse besser.

Relativsätze

Übung A 1
S. 8f.

1. I didn't have to do any homework yesterday, which doesn't happen very often.
2. We didn't manage to get tickets for the concert, which was a great pity.
3. In Britain you can get married when you're 16, which I think is crazy.
4. My dad left the lights of the car on, and when he went to start it the battery was flat, which was a nasty surprise.
5. He says he has given up smoking, which is hard to believe.

Übung A 2
S. 10f.

1. People who live in Bavaria like drinking beer.
2. The British Prime Minister, who has been ill recently, is thinking of retiring.
3. The policeman who caught the murderer was treated like a hero in the village.
4. The car that he tried to sell me was a wreck.
5. People who don't smoke usually live longer than people who do smoke.
6. Lynn's grandmother, who is 85, still rides a bike every day.
7. My brother Tony, who is two years younger than I am, isn't allowed to go out with girls.
8. I have a TV in my bedroom, which is the cosiest room in the house.

Übung A 3
S. 12

1. Erklärung: a) alle Mädchen; b) nur diejenigen, die sich schlecht benommen haben
2. Erklärung: a) nur ein Auto; b) mindestens 2 Autos, wobei das 11 Jahre alte noch gut läuft
3. Erklärung: a) Das Fahrrad gehörte Mike. b) Das Fahrrad vor dem Haus – nicht etwa das im Garten oder sonstwo – gehörte Mike.

Rätsel
S. 12f.

1. New York
2. Napoleon
3. Theatre
4. London
5. Marylin Monroe
6. Switzerland
7. Present
8. Shakespeare
9. Liverpool
10. Downing Street
11. Edinburgh
12. Rugby
13. Oxford
14. Missouri
15. Central Park
16. Loch Ness

Lösungswort

THE ROLLING STONES

Übung A 4
S. 14

1. Objekt
2. Objekt
3. Subjekt
4. Objekt

Übung A 5
S. 16

1. The pullover which (that) I bought in the sales yesterday has a hole in it.
2. I know somebody (someone) who (that) could repair your car.
3. The pen that you gave me 10 minutes ago doesn't work.
4. The people who (that) live here are very nice.
5. The CDs which (that) you lent me last week are super.
6. Is that the woman who (whom, that) you saw yesterday?
7. The dog which (that) had attacked the sheep was shot.

Übung A 6
S. 17

1. There's a shop near here which sells really nice cakes.
2. How was the party you went to last night?
3. The homework our maths teacher has given us for the weekend is really hard.
4. The sweets I like best are always sold out!
5. The man who lives next door to us is a doctor.
6. Environmental pollution is a problem mankind must solve.
7. The thing that surprised me most of all was that he passed his driving test at the first attempt.
8. The excuse you gave me for turning up late was just ridiculous.

Übung A 7
S. 19

1. You are just the man I have been looking for.
2. The man that I sold the car to paid by cheque.
3. Is this the film which you have been looking forward to all day? (to which ... *auch vorstellbar, aber sehr selten*)
4. Is that the lady that you live next door to?
5. Pollution is a problem which we must learn to live with. (with which ... *auch möglich, aber seltener*)
6. Here are some magazines you can have a look at.

A

Übung A 8
S. 21

1. All that remains to be done is to pack up and go home.
2. This is the first time (that) I have been abroad.
3. When I realized what had happened, I felt very silly.
4. Is that all (that) you want to eat?
5. Have you got everything (that) you need?
6. We did what we could, but we weren't able to save the drowning man.
7. That was the best match (that) I have ever seen.
8. Is there anything else that needs to be done?

Übung A 9
S. 21 f.

1. The last time (that) I was in England, there was a rail strike.
2. The artist who (that) was awarded first prize in the competition is very talented.
3. I tried out the recipe (that, which) you gave me, but I'm afraid it didn't quite work out.
4. The flowers (that, which) you sent me are really beautiful.
5. The people who (that) live in this part of the world live to a ripe old age.
6. The tourist whose wallet was stolen had to end his holiday a week earlier than planned.
7. The painting (that, which) they were so proud of turned out to be a forgery.
8. The man (that, who) I gave my money to wasn't the milkman, but a crook.

Übung A 10
S. 22

1. The President of the USA, who is at present in Germany on a state visit, will attend a special dinner in his honour in Berlin tonight.
2. The au-pair girls who are working in Britain at the moment don't earn much money.
3. He is the very man I am looking for.
4. Toby and Mark, whose father is a doctor, are always ill.
5. My mother, who used to smoke 40 cigarettes a day, has now given up smoking.
6. Jane looks really funny in the picture that I took of her.

Übung A 11
S. 24

1. My Uncle Bruce, who lives in Australia, calls (phones) us (up) every Sunday.
2. The delivery (which) I waited for all day (the whole day) didn't come.
3. The drivers, many of whom didn't have their lights on, raced into the fog.
4. My favourite TV programme, which is called "The Hospital in the Bavarian Forest", is on every Sunday.
5. The hailstorm, which lasted only three minutes (*oder:* which only lasted three minutes), destroyed the whole town.

Übung A 12
S. 24f.

Lösungsvorschlag

Listen. I was on my way home when suddenly a big black bear, which I hadn't noticed, crossed my path. It didn't seem to see me at first, which surprised me. But then it came running after me, which didn't surprise me. So I ran for my life and just about managed to reach Eddie's, who was at home, luckily. He told me the bear I had just met had been around for the past week. After ten minutes I tried to leave for home, an attempt which was stopped by another bear standing in front of the house. We then decided to have a quick drink instead, which we were almost forced to do – what else could we do? Each time I tried to leave Eddie's, the bear groaned in front of the house, which made us have a few more drinks. Then Eddie's wife came up with the idea of calling friends for help, which we did. They finally managed to chase away the bears, which explains why I'm late, and a little drunk, but which couldn't be avoided.

Rätsel
S. 25

B 6	L 10	A 8	S 11	T 7	■	M 1	I 9	N 3	I 9
■	E 4	■	A 8	■	■	O 2	■	■	G 12
■	A 8	F 13	T 7	E 4	R 14	N 3	O 2	O 2	N 3
I 9	S 11	■	■	■	O 2	D 15	D 15	■	O 2
A 8	T 7	■	S 11	■	B 6	A 8	D 15	■	R 14
N 3	■	M 1	O 2	N 3	E 4	Y 5	■	■	E 4
■	S 11	O 2	L 10	O 2	■	■	I 9	T 7	■
■	N 3	O 2	D 15	■	N 3	I 9	N 3	E 4	■
T 7	O 2	N 3	■	■	O 2	■	T 7	A 8	G 12
■	B 6	■	■	B 6	R 14	O 2	O 2	M 1	■

1	2	3	4	5	6	7	8	9	10	11	12	13	14	15
M	O	N	E	Y	B	T	A	I	L	S	G	F	R	D

A

Abschlusstest S. 26f.

a)
1. There are a lot of countries which (that) do not allow you to enter them without a visa.
2. The doll (which, that) you gave our little girl for Christmas is now her favourite toy.
3. Are you the man whose house has been burgled?
4. The new neighbours turned out to be the family (that, which, who, whom) we had met on holiday in Turkey last year.
5. She didn't understand what I was trying to say to her.

b)
1. All I want you to do is to ask her for her phone number for me.
2. Steven, who I was talking to the other day, is going to Egypt on holiday next week.
3. That was the worst thing you could possibly have said.
4. The new video camera my dad bought yesterday must have been very expensive.
5. The murder weapon, which was an old Smith and Wesson, was found near the scene of the crime.

c)
1. The song which she keeps singing really annoys me.
2. The Queen, who only recently returned from the royal tour of New Zealand, is spending the summer break in Scotland.
3. There are lots of students at this university who have to work to pay for their studies.
4. My teacher told me to find Mr Atkins, which is easier said than done.
5. The train which has just arrived is the one my uncle is on.

d)
1. The world, which he knows so little about, is a great adventure for him. (about which … *auch möglich, aber etwas formell*)
2. The baby which I had to look after last night was only a few weeks old.
3. The boy that she got the card from is in her class at school.
4. I didn't notice who the letter was addressed to.
5. The road that our house is situated next to is very busy.

Lösungen Teil B

Singular und Plural beim Substantiv

Übung B 1 S. 29

hobbies	plays	crashes	bodies
thieves	halves	matches	Navajos
radios	cargos	cities	sexes
flies	buses	wolves	families
lives	wishes	potatoes	rodeos

Übung B 2 S. 30

taxi drivers, feet, Englishmen, mosquitos, mice, sheep, Romans, fish, Japanese, Roman women, Chinese, lice, tornados, companies, tomatoes, Scotsmen, mothers-in-law, summer vacations, passersby, girlfriends, sisters-in-law, pen friends, children, grown-ups, gentlemen, teeth

Übung B 3
S. 32

1. My favourite meal is steak and chips.
2. These last few weeks have been really enjoyable.
3. 2,000 miles is a long way to travel for a holiday.
4. Two heads are better than one.
5. The news is on TV right now.
6. These statistics are all false!
7. The USA is planning to launch a new spaceship next week.
8. The two goals we scored were not enough.
9. Economics is a very popular subject at university these days.
10. Politics is boring.

Übung B 4
S. 33f.

1. Your generation seem to think that they are the only people who know anything.
2. The huge crowd was disappointed when its favourite group didn't turn up.
3. The police are interviewing two men in connection with the robbery.
4. Joan's class are making their own costumes for the Christmas play.
5. The people who have most to say about pollution are the people who do least about it.
6. Every political party has to have a strong leader.
7. Mike's team haven't won any of their games so far this year.
8. Our family haven't had a holiday together for years.

Übung B 5
S. 36f.

1. Your trousers are too tight.
2. We live on the outskirts of Stuttgart.
3. Our goods are first rate.
4. According to the latest information, the injured man has demanded damages.
5. Are we flying direct to Miami or do we have to change planes?
6. We very much regret the deaths of these brave men.
7. These stairs are very steep.
8. I still have to do my homework.
9. They turned their heads away when they saw his face.
10. Your glasses go with your hair very well.
11. Uncle Albert always gives me good advice.

Rätsel
S. 37

Lösungsspruch

You can fool all the people some of the time, and some of the people all the time, but you cannot fool all the people all of the time.

Abschlusstest
S. 38

1. Do the police have any idea who could have committed the crime?
2. My favourite pop group is the Strolling Bones.
3. The outskirts of Munich are very nice.
4. My glasses are broken.
5. No news is good news.
6. Has any progress been made in the search for a solution to the problem?
7. The crowd is getting full value for its money today.
8. My hair is very dry at the moment.
9. Your trousers have got a hole in the knee.
10. The damage to the car was only superficial.

C

Die unvollständigen Hilfsverben und ihre Ersatzformen

Übung C 1
S. 42f.

1. Could *ist hier die einzige Möglichkeit. Es geht nicht um eine körperliche oder geistige Fähigkeit, sondern ist nur eine höfliche Bitte.*
2. When I was a baby I was able to (could) talk (speak) before I was able to (could) walk. (Could *ist auch möglich: Es ist kein Einzelfall in der Vergangenheit, sondern eine allgemeine Tatsache.*)
3. I can't stand Michael. *(Nur* can*: Es geht ja nicht um eine körperliche Fähigkeit.)* He has never been able to keep quiet about things. *(Ersatzform nötig: Verb im* Present Perfect.*)*
4. Can you play chess? (*Möglich wäre auch:* Are you able to play chess?)
5. I managed to (was able to) pass the test (examination). (Managed *möglich; man könnte sagen: „Es gelang mir, die Prüfung zu bestehen."*)
6. Maybe (perhaps) Julie can (will be able to) come with us, too. *(Ersatzform nötig, wenn Verb in der* will-*Zukunft.)*
7. I was very sad, as we hadn't been able to meet each other. *(Ersatzform nötig: Verb im* Past Perfect.*)*

Übung C 2
S. 44f.

1. Can (may) I use your phone, please?
2. Can you explain this grammatical construction to me?
3. You may (might) be right.
4. We managed to (were able to) find the key after all.
5. You can (*selten:* may) go now.
6. I can't run any further.
7. I managed to have (was able to have) a good rest in (during) the holidays.
8. Our guests might (may/could) get here at any moment.

Übung C 3
S. 47

1. I am not allowed to hitchhike, because my mum says it's too dangerous.
2. Can (may) I open the window? It's very hot in here.
3. Dad, can (*selten:* may) I borrow £5 from you until next week?
4. Poor Simon! He's not allowed to (*oder:* he isn't allowed to) go out with girls, as his parents think he's too young.
5. Jill is allowed to stay out till after midnight almost every night of the week.
6. Can Rosie stay overnight at our place on Saturday?

Übung C 4
S. 48f.

1. You mustn't worry – things will soon get better.
2. You mustn't drive so fast. It's really dangerous. And anyway, that sign means that you aren't allowed to drive at over 50 m.p.h. when it's raining.
3. I am not allowed to play loud music when my dad is trying to relax.
4. Quick, we mustn't be late for dinner or mum will be very annoyed.
5. It's not fair! I'm almost 18, but I'm not allowed to go on holiday on my own. – You mustn't take things so seriously. Your parents are only thinking of what is best for you.

Übung C 5
S. 50

1. Can (may) I call you by your first name?
2. When I was a child I was not allowed to leave the dinner table until everyone had finished eating. Nowadays most children are allowed to have their dinner in front of the TV set.

3. My little sister got a new bike for Christmas, but she is not allowed to go on the road with it yet.
4. Who told you that you could use my paintbrush?
5. I wonder if my brother will be allowed to watch the tennis match on TV tonight. My dad said that he could, but my mum wants to watch the film on the other channel.
6. If I had been allowed to go swimming on my own when I was a child, I probably wouldn't be so afraid of water now.

Übung C 5
S. 50
Fortsetzung

Rätsel
S. 51

I. 1–3	wives	9–11	tower
2–4	event	10–12	extra
5–7	melon	13–15	brave
6–8	ideas	14–16	badly

I. Westminster Abbey

II. 1–3	right	9–11	adult
2–4	eaten	10–12	round
5–7	eagle	13–15	lasso
6–8	cloud	14–16	renew

II. World Trade Center

Übung C 6
S. 53

1. The weather must have been very good when you were in France. You look really brown.
2. I have always had to walk to school – my parents haven't got a car.
3. I didn't think I would have to ask Brian to lend me some money.
4. You must be Jill's boyfriend.
5. Sonja had had to look after her little brother, and that was why she was late for the party.

Übung C 7
S. 55f.

1. Do we have to (must we) visit Aunt Sarah every Sunday?
2. I must try to eat less sweets.
3. Robert has to wear glasses now.
4. I have to be at the station at 10 o'clock.
5. The dentist says (that) I must eat less cake.

Übung C 8
S. 56f.

1. We don't have to go to school tomorrow, as the boiler has broken down and there's no heating.
2. You needn't wash your hair now. You can do it later.
3. You mustn't eat so much before dinner. You'll spoil your appetite.
4. You needn't call Trevor. I'll be seeing him tonight and I'll give him the news.
5. You mustn't wake the baby or mum will be furious.
6. I'm glad I don't have to sit a test like that every day.
7. You needn't take the dog for a walk today – I'll do it.
8. We needn't stay till the end of the film if we find it boring.

Übung C 9
S. 59f.

1. You should have said that I was too busy to see her.
2. The ring road is intended to stop cars from blocking up the centre of town.
3. You should (ought to) go to the dentist's if you've got toothache.
4. She is said to (is supposed to) have been a beauty queen when she was young.

C

Übung C 9
S. 59f.
Fortsetzung

5. You should give Diane a call when you get home. I'm sure she'd be pleased.
6. Anne's new boyfriend is said to (is supposed to) be a Black Belt at karate.
7. The tax cuts are intended to (meant to) help poorer families in particular.
8. You should have told me that you don't like noodles.

Übung C 10
S. 61f.

1. Should (shall) I tell her (that) you're here?
2. Dave was supposed to give me my CDs back yesterday, but he didn't (do so).
3. Nobody (no one) knew at that time that we were soon to become rivals.
4. Should my husband pick you up?
5. We weren't sure how to get home.
6. We are supposed to meet in the cafe.
7. Two weeks later the President was to be murdered.
8. Can you tell me which train to get (I should get)?

C

Übung C 11
S. 63f.

1. The opinion poll was intended to (was supposed to) show what people thought of the Government's plans to raise taxes.
2. I should have remembered that you were coming today.
3. Nobody could have guessed that evening that Brenda and Roy were to get married just two weeks later.
4. Shall (should) I ask Mr Baxter to wait outside?
5. Carol's dad is said to (is supposed to) be in prison at the moment.
6. You should take more exercise – then you'd soon lose weight!
7. I don't know which tie to wear/put on (*oder:* I should wear/put on).
8. The men were supposed to come and collect my old washing machine this morning, but they didn't turn up.

Übung C 12
S. 64

Lösungsvorschlag

You should do anything you do wholeheartedly.
One can never know too much.
You should try to find a job that suits your talents.
You must have breaks in your daily routine.
You ought to care for the people around you.
You mustn't look back too often in life, but you should make the most of the present and look forward.
You ought to live a healthy life.

Rätsel
S. 66ff.

1. Logic Problem: Rest der Lösung.

clue 2: „Davis" ist im August geboren, deshalb muss Patrick Nevin im Februar geboren sein und dementsprechend „Weir" im Januar. Also „✓" in January/Weir, August/Davis und Patrick/February.
clue 3: „Molly" ist nicht „Mrs Davis"; deshalb muss sie Molly Weir sein = „✓" in Molly/Weir. Folge: „✓" in Nicole/Davis. Lösung: Patrick Nevin, February; Nicole Davis, August; Molly Weir, January.

2. Logic Problem: Gesamtlösung.

clue 1: a) "David's book" kann nicht das teuerste sein = „✗" in £11.50/David
b) "Sarah's book" ist nicht das billigste = „✗" in £5/Sarah
clue 2: „✗" in squash/£5

clue 3: Sarah bekommt nicht das Pferdebuch = „✘" in Sarah/horses
clue 4: a) „✘" in Sarah/£6.50
b) Folge: „✓" in Sarah/£11.50 (Kreuze nicht vergessen!)
c) „✘" in horses/£11.50 (Sarah bekommt das Buch ja nicht)
clue 5: a) „✘" in Sarah/football
b) Folge: „✓" in Sarah/squash (Kreuze!)
c) Folge: „✓" in squash/£11.50
clue 6: a) Da "Sarah's book" £11.50 kostet = „✓" in Trevor/£6.50
b) Folge: „✓" in David/£5
clue 7: a) „✓" in football/£6.50
b) Folge: „✓" in horses/£5

Solution: David, horses, £5; Sarah, squash, £11.50; Trevor, football, £6.50.

Rätsel
S. 66ff.
Fortsetzung

C

Abschlusstest
S. 68ff.

a)

I'm fed up!
You're not allowed to turn the heating up, because that wastes oil. You shouldn't drive a car, because that kills the poor trees. You have to (you've got to) save up all your old paper just to help the trees. You should use unleaded petrol, because that helps the trees, too, and it's supposed to be "healthy". You shouldn't play loud music, as noise is a sort of environmental pollution. In winter you're not allowed to put salt on the pavements, as it pollutes the soil, but you are allowed to fall on your backside!
You shouldn't eat sweets, as they rot your teeth. You're not allowed to put too much butter on your bread, as that can lead to cancer. You shouldn't smoke, as that can seriously damage your health. You're not allowed to drink alcohol, as it destroys your brain cells. You shouldn't sit out in the sun too long, as that can lead to skin cancer. You're not allowed to swim in the river, as it's too polluted. That may all be very important, but I ask you, what are you allowed to do today (nowadays)?

b)

Rudi: You're lucky in England. You don't have to get up till 8 o'clock. We have to (we've got to) be in school for 8 o'clock.
Jonathan: Yes, but you're allowed to go home at 1 o'clock. You have the whole afternoon free.
Rudi: You must be joking. We have to (we've got to) do homework in the afternoon. We can't just go out and do what we want.
Jonathan: That's nothing! We have to (we've got to) stay at school till 4 o'clock, and then we have to (we've got to) do our homework in the evening – and at the weekends!
Rudi: You must be very clever if you do nothing but work all day! I can't believe that you just work – you must have a lot more sport and easy subjects than we have.
Jonathan: That would be nice, but we get 2 hours of sport a week, and we aren't allowed to (we're not allowed to) go swimming, as we don't have a swimming pool in the school, and the public pool is too far away. And we don't have any 'easy' subjects, either. We have to (we've got to) do tests in every subject, even religion.
Rudi: That may be so. But you English have still got it better.
Jonathan: Why?
Rudi: Your teachers are allowed to go on strike!

Lösungen Teil D

lassen

Übung D 1
S. 72

1. Let me have a look!
2. Where did you leave the tapes? I left them lying on the table.
3. Leave me alone!
4. Does your sister let you use her make-up?
5. Leave the door open – it's far too stuffy in here.
6. My mum let me try out her new car last night – it was super.
7. Brian broke his arm yesterday, but he says he doesn't let little things like that worry him.
8. We were left standing outside while Emma made a long phone call.

D

Übung D 2
S. 75

1. Our dog doesn't let any strangers into the flat.
2. My mother makes me wash my own dirty socks.
3. I'll (I will) have my secretary type the letter quickly.
4. On the class outing the pupils were allowed to play cards till midnight.
5. Our neighbour sometimes lets us use his swimming pool.
6. At sport today we were made to run 10 kilometres.

Übung D 3
S. 77

1. **dentist's:** You can have your tooth filled. –
   Man kann sich einen Zahn füllen lassen.
2. **hairdresser's:** You can have your hair cut. –
   Man kann sich das Haar schneiden lassen.
3. **optician's:** You can have your eyes tested. –
   Man kann sich die Augen prüfen lassen.
4. **travel agent's:** You can have your holiday booked (for you). –
   Man kann sich den Urlaub buchen lassen.

Übung D 4
S. 77

He has his laces tied for him.
He has his fingernails cut for him.
He has his hair washed for him.
He even has his teeth brushed for him.

Übung D 5
S. 77

Lösungsvorschlag: Dear Steve, I must tell you about my little dog, which my parents gave me for my birthday. His name is Rover. He's the most fabulous dog you can imagine. But having a pet isn't just fun, but it's also a lot of work. First of all you have to feed it twice a day. Then you have to go for a walk with it at least once a day. You also have to train it properly: you have to make it obey you and it is not allowed to make puddles on the carpet. And if you allow it to play with little children, you must be careful not to let it bite them. I'm trying very hard to teach it all this. But when I go for a walk in the fields with my little puppy, I let it run as fast as it likes. The only problem is that I still don't know if I can take it with me when we go on holiday. I hope that I don't have to leave it with anybody else. Do you have a pet, too?

Übung D 6
S. 78

Lösungsvorschlag: Helga makes Hägar take out the rubbish and get some fresh rolls and some bread for her. She makes him clean the windows and she gets him to mend a chair. She then forces him to prepare lunch and makes him clean the dishes afterwards. When he leaves some pots dirty, she has him clean them and then scrub the copper pots until they shine like new. Hägar is more than glad when Helga leaves him alone in the afternoon to have tea with a friend.

Verschachtelte Wörter

Rätsel
S. 79

CAT	+	EAR	JET	+	DAY
COW	+	AIR	KEY	+	LEG
DOG	+	BOY	PEN	+	SUN
EYE	+	FLY	PIG	+	SEA
FAT	+	OIL	WAY	+	EGG

BALL	+	GAME	NAME	+	RAIN
COAT	+	PLAN	SALT	+	RICE
FACE	+	BIRD	SHOE	+	HAIR
FISH	+	SOUP	SIZE	+	IDEA
HOUR	+	LAMP	SHIP	+	YEAR

D + E

Abschlusstest
S. 80

Let's go skiing!
Tim calls Bob:

Tim: Hello Bob. My parents are letting me go skiing with you after all. So now I have to have my ski-bindings adjusted and get everything packed. Have you had your skis waxed or are you leaving them as they are? Don't leave your snowboard at home!

Bob: Great that you are coming with us. How did you manage that?

Tim: I did everything my mother wanted me to. She had me tidy up the cellar, made me hoover my room, wash the car and I had to go shopping, but now she's satisfied.

Bob: Will you let me try out your new snowboard?

Tim: Sure. If you don't make me clear away all the snow by myself again and if you don't keep us waiting at dinner – o. k.?
See you tomorrow. Bye.

Lösungen Teil E

Simple Past **und** ***Present Perfect***

Übung E 1
S. 81 f.

1. dropped	7. agreed
2. employed	8. occurred
3. removed	9. permitted
4. stayed	10. married
5. gathered	11. helped
6. cried	12. realized

Übung E 2
S. 82

1. bought	11. knew
2. slept	12. caught
3. understood	13. became
4. sat	14. brought
5. drank	15. had
6. went	16. made
7. did	17. met
8. told	18. put
9. saw	19. stood
10. spoke	20. won

E

Übung E 3
S. 85

1. Frage: Who wrote "Bleak House"?
2. Frage: When was Mozart born? (*Vorstellbar wäre auch:* Who was born in 1756?)
3. Frage: When did hot-air balloons first appear?
   Oder: What first appeared in 1783?
4. Frage: Which (university) was the first university in Britain to offer degrees to women?
5. Frage: Who came to power after the Spanish Civil War?
   Oder: Which general came to power after the Spanish Civil War?
   Oder: When did General Franco come to power?
6. Frage: Who invented the telephone?
   Oder: What did Alexander Graham Bell invent?
7. Frage: Where was Abraham Lincoln born?
8. Frage: Which treaty ended the Thirty Years' War?
9. Frage: Which bridge collapsed twice before it was completed in 1917?
   Oder: How many times did the Quebec Bridge collapse before it was completed in 1917?
10. Frage: Where did Napoleon spend the last six years of his life?
   Oder: How many years of his life did Napoleon spend on St. Helena?

Übung E 4
S. 87

1. I didn't have a bath last night.
2. Why didn't they ask you to help them?
3. Jonathan didn't do his homework very well yesterday.
4. We weren't able to catch a glimpse of David Doberman, the famous actor.
5. Which of the boys didn't like the cake?
6. Weren't you frightened when you saw the lorry coming towards you?
7. We didn't want to give you a surprise.
8. Which of the books didn't you enjoy reading?
9. We didn't try to repair the car ourselves.
10. We didn't have an argument last night, which was very unusual.

Übung E 5
S. 88

	1	2	3	4	5	6	7	8	9	10
A	E	N	T	E	R	E	D	E	S	L
B	X	B	R	B	E	E	N	G	T	E
C	E	B	E	A	T	E	N	O	O	N
D	R	O	E	T	U	S	E	D	L	T
E	C	I	B	O	R	R	O	W	E	D
F	I	A	C	F	N	Y	U	A	N	O
G	S	M	U	E	E	H	M	N	D	N
H	E	L	T	G	D	L	E	T	O	E
I	D	R	A	N	H	O	T	E	L	L
J	A	S	K	E	P	T	I	D	L	T

Übung E 5
S. 88
Fortsetzung

Lösung

A1–A7	entered	C2–C7	beaten	E8–J8	wanted
A1–I1	exercised	C3–C7	eaten	E10–H10	done
A5–H5	returned	C5–H5	turned	F3–H3	cut
A9–F9	stolen	D5–D8	used	F4–I7	felt
A10–D10	lent	E1–J6	caught	G7–I7	met
B2–D4	bet	E3–E10	borrowed	H6–H8	let
B4–B7	been	E6–E10	rowed	J3–J6	kept
B8–D10	got	E6–G8	run		

Übung E 6
S. 90

1. Debbie has told Frank the bad news.
   a) Has Debbie told Frank the bad news?
   b) Debbie hasn't told Frank the bad news.
   c) Hasn't Debbie told Frank the bad news?

2. I have seen that film before.
   a) Have I seen that film before?
   b) I haven't seen that film before.
   c) Haven't I seen that film before?

3. Robin has fixed his bike.
   a) Has Robin fixed his bike?
   b) Robin hasn't fixed his bike.
   c) Hasn't Robin fixed his bike?

4. Sarah has finished doing her homework.
   a) Has Sarah finished doing her homework?
   b) Sarah hasn't finished doing her homework.
   c) Hasn't Sarah finished doing her homework?

5. Jane has forgotten her umbrella.
   a) Has Jane forgotten her umbrella?
   b) Jane hasn't forgotten her umbrella.
   c) Hasn't Jane forgotten her umbrella?

Übung E 7
S. 93

1. I think I've (I have) had too much to eat – I feel sick.
   Begründung: Ergebnis in der Gegenwart spürbar.
2. Someone has stolen my bike! I left it here 5 minutes ago.
   Begründung: 1. Satz: Ergebnis noch spürbar – das Fahrrad ist weg! 2. Satz: Bestimmte Zeitangabe der Vergangenheit.
3. Oh dear, Jennifer has forgotten to take her sandwiches with her.
   Begründung: Ergebnis noch spürbar – das Pausenbrot liegt noch da.
4. I'm really tired. I went to bed late last night.
   Begründung: Bestimmte Zeitangabe der Vergangenheit.
5. You look as if you've just seen a ghost!
   Begründung: Ergebnis noch in der Gegenwart spürbar. Auch wenn er kein Gespenst gesehen hat – er sieht so aus, als ob!

Übung E 8
S. 94f.

1. Have you ever been to Spain? Yes, I was there when I was ten.
2. I've (I have) met his wife. She's very nice.
3. Our team has played worse – last August we lost 15–0!
4. I'm sure I have been here before, but I can't remember when. – We were here in 1993.
5. How are you? I've felt better!

Übung E 9
S. 96

Dear Jenny,
We have been here *for* two weeks now and the weather is wonderful. We haven't had such a nice holiday *for* years. I played tennis this morning, which I haven't done *for* months. I have been up *since* 6 o'clock because I wanted to watch the sunrise. It was really great. *Since* then I have been swimming and reading. I also had a very interesting chat with my friend Sarah. I haven't felt so relaxed *for* ages. *Since* I got here I have been meaning to write this card to you. I hope you get it before I'm back.
Love, Susan

E

Übung E 10
S. 98

1. It has been snowing for hours now.
2. I have been trying to contact you since this morning.
3. I have liked that girl ever since I first saw her.
4. I have lived in London all my life.
5. I have been reading this book for months now, but I can't seem to find the time to finish it.

Übung E 11
S. 100f.

Last year I moved to England with my family. We decided to try to do the removal ourselves, so we hired a large van. My father had been in London to find a flat for us, and when he arrived home, Mum, Sue and I were in the middle of packing our things. "I have never seen such chaos in all my life!" Dad screamed.
Finally, we set off and caught the ferry at Ostend. When we reached Dover, I asked Dad: "Have you ever driven on the left-hand side of the road before? Remember, it's a big van we're driving …" "No problem," said Dad, "I drove a hired car in Japan when I worked in Tokio, and England can't be worse than Japan."
As Dad wanted to show us the countryside, he decided not to take the motorway. What he didn't realize was how narrow the roads are in some of the small English villages. We made good progress until we met a juggernaut in one of the villages. We had to reverse back almost half a mile before we found somewhere to pull over. Next, Dad went round a roundabout in the wrong direction, and met a police car on the other side. "Have you had a little bit too much duty free on the ferry, sir? We haven't had many of your sort this week," the policeman said to Dad. We had to pay a £20 fine. What a start to our stay in England!
Now Dad has got used to driving on the left, but now he always takes the motorway just to be on the safe side!

Die Entschlüsselung der Ringe:
Lösung

Rätsel
S. 102f.

Don't put off until tomorrow what you can do today.

Abschlusstest
S. 103

Timon: When did you start learning the violin?
Nina: I was three years old when I had my first lessons with my dad. Before that my mother taught me to play the cello for almost a year, but I preferred the violin.
Timon: How long did you practice every day when you were six?
Nina: I had one lesson with my dad every day, and then I practiced for two more hours at least.
Timon: What has been the most exciting moment in your life so far?
Nina: Oh, that happened only recently. I was invited to play a Mozart concerto with Simon Rattle in the Carnegie Hall.
Timon: And how long have you been living in New York?
Nina: I have only been living in New York for six months.
Timon: Have you never missed your classmates or your family?
Nina: Yes, I have, sometimes. But my parents and some of my friends have already come to visit me when I gave concerts.
Timon: Have you ever had moments when you regretted having started a musical career?
Nina: To be honest, yes. It was sometimes quite hard to work so much every day when other children were able to play.
Timon: Thank you very much for the interview and good luck in New York.

E + F

Lösungen Teil F

Einfache Form und Verlaufsform des Verbs

Übung F 1
S. 105f.

	Present Tense	*Past Tense*	*Future I*
Simple	I go	I went	I will go
Progressive	I am going	I was going	I will be going
Simple	he returns	he returned	he will return
Progressive	he is returning	he was returning	he will be returning
Simple	they prepare	they prepared	they will prepare
Progressive	they are preparing	they were preparing	they will be preparing

Übung F 1
S. 105f.
Fortsetzung

	Present Tense	*Present Perfect*	*Conditional I*
Simple	we sing	we have sung	we would sing
Progressive	we are singing	we have been singing	we would have been singing
Simple	I wash	I have washed	I would wash
Progressive	I am washing	I have been washing	I would be washing
Simple	you take	you have taken	you would take
Progressive	you are taking	you have been taking	you would have been taking

F

	Present Tense	*Future II*	*Conditional II*
Simple	he goes	he will have gone	he would have gone
Progressive	he is going	he will have been going	he would have been going
Simple	she runs	she will have run	she would have run
Progressive	she is running	she will have been running	she would have been running
Simple	they read	they will have read	they would have read
Progressive	they are reading	they will have been reading	they would have been reading

Übung F 2
S. 110f.

1. Are you going to the match tonight?
2. Our next-door neighbours' dog is always barking.
3. I am learning to ski at the moment.
4. We always visit my Uncle Arthur on Sundays.
5. I usually go for a jog in the morning, but I am not going today, as I am playing tennis this afternoon.
6. My friend Oliver never has time to read a book, but he is always watching TV.

Übung F 3
S. 111f.

It happens every year! First, someone says, "Look, it's (it is) snowing!" and soon the whole country gradually comes to a standstill. The great British winter! The weather reports paint a gloomy picture of the situation: "The whole of Britain is shivering in the face of one of the coldest winters we have had for years. The snowploughs are working nonstop to keep the main roads free. Rescue teams are fighting to get to people stranded in little villages that are cut off from the outside world because of the heavy snowfalls."
Although the winters in Britain rarely turn out to be as severe as those on the Continent, the British greet the snow every year with cries of amazement and horror. The surprise seems to be as great every year. Like a dormant volcano which suddenly erupts, the onset of winter never fails to catch the British by surprise. On the other hand, the British do not (don't) feel that it is (it's) necessary to prepare for win-

ter either. No one buys winter tyres for his car. Why not? "It does not (doesn't) snow here very often, and it is too expensive to buy new tyres for two weeks of the year!" they say. Central heating is becoming more and more popular, but most Europeans who spend a winter in Britain still complain that it is too cold.
Some students from Cambridge are trying to change the British attitude towards winter. Their Campaign for the Application of Really New Impulses and Values to Anglo-Saxon Life (CARNIVAL) is finding more and more supporters throughout the country. Among other things, the students are trying to introduce a number of "continental" customs to "brighten up" winter. Already people are starting to buy the strange costumes which the treasurer of CARNIVAL obtained at a bargain price in the winter sales in Germany last year.

Übung F 3
S. 111f.
Fortsetzung

1. When the cat's away the mice will play. *(Entspricht etwa: Wenn die Katze nicht zu Hause ist, tanzen die Mäuse über Tische und Bänke.)*
2. Don't count your chickens before they hatch. *(Entspricht etwa: Man soll den Tag nicht vor dem Abend loben.)*

Rätsel
S. 113

F

1. It was getting darker and darker, so we decided to look for somewhere to stay for the night.
2. "Where did you go last night?" – "I didn't go anywhere. I just stayed at home."
3. I bought some really good CDs yesterday.
4. We used to get our milk delivered every morning, but now we buy it in the supermarket.
5. Things were so peaceful when you phoned. The baby was sleeping, my mum was reading the paper, and dad was doing the shopping in town. But then the baby woke up, Kevin came back with three friends and started playing his stereo, and my mum started shouting at them for being too noisy!
6. Just as the train was approaching the station, a little girl fell onto the line, but a man jumped down and saved her just in time.

Übung F 4
S. 117

1. We usually have dinner at 8 o'clock, but tonight we are having it much earlier.
2. I have been waiting here for half an hour.
3. What are you thinking of? Oh, nothing. I am (I'm) just daydreaming.
4. Julie can't come to the phone just now – she is having a bath.
5. We were feeling (*hier geht auch:* felt) really tired, so we sat down and had a rest.
6. I have injured my leg!
7. Audrey was having a party when her parents arrived home unexpectedly.
8. Nick and Frank are being very helpful at the moment – they must want more pocket money!

Übung F 5
S. 121

Ideals are like stars, you can't reach them, but they help you find your way. *(Ideale sind wie Sterne, man kann sie nicht erreichen, aber man kann sich nach ihnen orientieren.)*

Rätsel
S. 122

Once upon a time a man and his wife lived in a large house in the country. Mr Evans was the managing director of Evans & Evans Chemicals, and his wife was the daughter of a millionaire. They had a little girl, called Samantha. Marie, the au-pair, looked after Samantha, as her mum and dad didn't have much time. One day Samantha was playing in the garden when suddenly she started to hiccup. Marie gave her some water, but it didn't help. Samantha's father wasn't there, as he was holding important discussions with some farmers from the neighbourhood – his firm wanted

Abschlusstest
S. 122ff.

Abschlusstest
S. 122ff.

to buy their land to build a new chemical factory there. Samantha's mum was organizing a large reception in town for some politicians whom she was trying to persuade to give large subsidies to the firm. Poor Marie didn't know what to do. No matter what she tried, little Samantha continued to hiccup. When Samantha's mum and dad arrived home later that evening, Marie was still trying to solve the problem, but nothing helped – neither cold water, nor lemon, nor even the orange pills that Evans & Evans produced to stop hiccups.
Mr and Mrs Evans are just discussing what to do when the doorbell rings. A handsome young man with a bushy black beard is standing at the door. "Hello, I'm your new neighbour, Joshua Fisher," the man says. Then he sees that they are having problems with the little girl, so he tells them to give her some of the special carrots he happens to have with him. At once Samantha stops hiccuping.
Mr Evans is amazed. The two men sit down together, and Mr Fisher explains how he always takes some carrots when he doesn't feel (*hier geht auch:* isn't feeling) well. "I'm thinking of buying some of the fields around here," says Mr Evans. "Do you think I could grow magical carrots like yours in them?" – "Of course," replies Mr Fisher.
Before long Mr Evans is convinced that he has to sell his factory and start growing carrots. Two months later Mr Evans is standing on the corner of the High Street – selling carrots. And Mr Fisher? He is working on a well-paid job at Evans, Evans & Fisher, the chemical works.
And they all lived happily ever after.

F + G

Lösungen Teil G

Das Partizip

Übung G 1
S. 127

1. having	6. putting	11. fulfilling	16. failing
2. stopping	7. suffering	12. burning	17. becoming
3. touching	8. winning	13. selling	18. sitting
4. feeling	9. seeing	14. keeping	19. turning
5. quarrelling	10. tying	15. answering	20. staying

Übung G 2
S. 130

1. changed	6. stayed	11. allowed	16. grinned
2. trusted	7. complained	12. planned	17. stirred
3. covered	8. quarrelled	13. wiped	18. wondered
4. satisfied	9. increased	14. murdered	19. entered
5. touched	10. supplied	15. hurried	20. improved

Rätsel
S. 130

Tom and Jerry: Solution

Tom got $4, and Jerry got $1. Why? Tom had 3 fruit cakes, and Jerry had 2, and they cut each fruit cake into three equal-sized pieces, i. e. 15 pieces in all. That meant that Tom, Jerry and Butch each ate 5 pieces. So Tom gave away 4 pieces (9 – 5 = 4). Jerry gave away only one piece (6 – 5 = 1). So Tom gave away 4 times as much as Jerry. Therefore he got $4 and Jerry $1.

interessant:	interesting	**Übung G 3** S. 132
aufregend:	exciting	
langweilig:	boring	
überraschend:	surprising	
überzeugend:	convincing	
enttäuschend:	disappointing	
zufrieden:	satisfied	
unbekannt:	unknown	
verlegen:	embarrassed	
erfahren:	experienced	
voreingenommen:	prejudiced	
begrenzt:	limited	
erfreut:	pleased	
gebildet:	educated	
begabt:	gifted	
entschlossen:	determined	

G

Übung G 4
S. 134

1. I hear her playing the piano every evening (night).
2. The prisoner was caught trying to escape.
3. I have never seen Jason running (*oder:* run).
4. I felt it getting colder and colder.
5. We found the injured man lying on the ground (*oder:* floor = *Fußboden*).
6. I can smell something burning.

Übung G 5
S. 135

1. He remained seated during the whole conversation.
2. I saw myself forced to tell the truth.
3. She sat there looking in the mirror.
4. I'd like my car repaired at once (immediately).
5. We could not make ourselves understood.
6. He had his hair dyed yesterday.

Übung G 6
S. 137

1. The damage caused by the demonstrators was very extensive.
2. The people suffering most in this cold weather are the old and the poor.
3. The space programme developed by the Americans has become a question of national prestige.
4. The robber, carrying a gun, then entered the bank.

Übung G 7
S. 137

1. Last night my dad caught a man who was trying to steal our car.
2. The boy who is dancing with Mandy at the moment comes here every week.
3. The tree which was lying across the road had been blown down in the storm.
4. The car which was (oder: had been) used by the gangsters had been stolen two weeks before the robbery.

Übung G 8
S. 139

1. Arriving home, he was surprised to see all his friends.
2. Feeling exhausted after his long walk, he decided to take a little nap.
3. Being a doctor, he immediately rushed to give first aid.
4. Meeting at the party, they were sure they had seen each other before.
5. Walking through London, he somehow felt at home.

Übung G 9
S. 140

1. Ich stand an der Ecke und sah, wie sich der Unfall ereignete.
2. Du solltest beim Tanken nicht rauchen.
3. Da Elizabeth Vegetarierin war, konnte sie die Grill-Party nicht genießen.
4. Als uns klar wurde, dass wir den Bus nicht mehr bekommen würden, hörten wir auf zu laufen.
5. Als ich mein Flugzeug in Paris verließ, sagte man mir, dass ich sofort nach Rom weiterfliegen solle.
6. Sally drehte sich zu mir um und fragte mich, was ich von der Idee hielte.

Übung G 10
S. 141

1. Having arrived home, he had a shower immediately.
2. Having finished the book, I returned it to my friend.
3. Having failed his exam, he had to study in his holidays, too.
4. Having been recognized, he was arrested by the police.
5. Having been caught, the animals were finally fed.

G

Übung G 11
S. 142

1. When asked to leave the room, Sandra refused.
2. Though warned not to swim in the river, the boys didn't listen to what they had been told.
3. Taking out a cigarette, Frank started to smoke.
4. The two dogs stood there as if rooted to the spot.
5. Being in the neighbourhood, I thought I'd look you up.
6. While looking for my glasses, I found the letter I had lost.
7. If asked to give a short answer, (you should) give a short answer.
8. Having been told that the exam would be easy, Emma didn't bother doing any work for it.
9. After arriving (having arrived) at the airport, I discovered that I had forgotten my passport.
10. Having spent so much time in America, Thomas can speak very good English.

Übung G 12
S. 144f.

1. * Having put on my raincoat, we are ready to go.
   Erklärung: Sie ziehen alle seinen/ihren Regenmantel an!
   Richtig: Now that I have put on my raincoat, we are ready to go.
2. * When trying to cross the road, the traffic lights turned red.
   Erklärung: Die Ampel errötet beim Versuch, die Straße zu überqueren!
   Richtig: When I was trying to cross the road, the traffic lights turned to red.
   (Übrigens: das to *ist notwendig, denn sonst bedeutet es immer noch „erröten" – aber diesen Satz hat ein Schüler mal geschrieben!)*
3. *Having finished our dinner, I left to go swimming.
   Erklärung: Er oder sie isst das Abendessen von allen anderen auch!
   Richtig: When we had finished our dinner, I left to go swimming.
4. *The nice man on the radio entertains us when having our breakfast.
   Erklärung: Der nette Mann im Radio isst unser Frühstück!
   Richtig: The nice man on the radio entertains us when we are having our breakfast.

Übung G 13
S. 146f.

1. Es ist recht schön heute, wenn man bedenkt, dass es Mitte Januar ist.
2. Da Dennis sich das Bein gebrochen hatte, hatten wir keinen Spaß mehr am Rest des Urlaubs.
3. Es ist schade, dass wir drinnen bleiben müssen, wo das Wetter so schön ist.

4. Wie kannst du dich bei so viel Lärm konzentrieren?
5. Der Einbrecher rannte davon, während Jasons Hund ihm dicht folgte.
6. Streng genommen, glaube ich, dass man hier nicht parken darf – nicht bei einem Schild, auf dem steht „Parken verboten"!

Übung G 13
S. 146f.
Fortsetzung

Übung G 14
S. 147

Lösungsvorschlag:

No trespassing!
No picknicking on the grass.
Thank you for not using a flash.
No running or loud talking, please.
No fishing.

Rätsel
S. 147f.

G

clue 1:
a) Aberdeen (Ab) *train* kommt um 8.10 = „✓" in 8.10/Ab (Kreuze waagerecht und senkrecht)
b) Mrs McLean (McL) = „✓" in Heather (He)/McL, denn He ist einziger Frauenname (Kreuze!!)
c) McL muss um 8.30 kommen = „✓" in McL/8.30 und in He/8.30 (Kreuze!)
d) McL kommt nicht aus Ab = „✗" in Ab/McL und Ab/He

clue 2:
a) Angus (Ang) kommt nicht erst um 9.00 = „✗" in Ang/9.00
b) daraus folgt „✓" in Ang/8.10 und
c) „✓" in Ian/9.00
d) ebenso: „✓" in Ang/Ab

clue 3:
a) McArthur (McA) nicht aus Ab = „✗" in McA/Ab
b) Folge = „✓" in Ab/McIntosh (McI) (Kreuze!)
c) Folge = McI muss also Angus sein = „✓" in McI/Ang
d) Folge = McA muss Ian sein = „✓" in McA/Ian
e) McI kommt aus Ab = „✓" in McI/8.10
f) Folge = McA muss um 9.00 kommen = „✓" in McA/9.00

clue 4:
a) Dundee (Dun) *train* kommt um 9.00 = „✓" in Dun/9.00
b) Folge = „✓" in Edinburgh/8.30

Solution: Angus McIntosh, 8.10, Aberdeen/Heather McLean, 8.30, Edinburgh/Ian McArthur, 9.00, Dundee

Abschlusstest
S. 149

a)
1. Realizing how late it was, Rosie rushed out of the room.
2. Having finished reading her book, Laura went to bed.
3. Seeing how seriously injured the man was, the doctor decided to operate at once.
4. Having been to Wales before, Mark could imagine what Oliver and Sandra were trying to describe.
5. Opening the case, Mr Baxter took out a bottle of whisky.
6. I caught this boy trying to steal these CDs.

Abschlusstest S. 149 Fortsetzung

b)
1. Als ich auf dem Berggipfel stand, fühlte ich mich, als wäre ich der König der Welt.
2. Angenommen, sie fragen mich, wie alt ich bin, was soll ich sagen?
3. Da ich den ganzen Morgen Tennis gespielt hatte, hatte ich keine Lust mehr, mit Carol schwimmen zu gehen.
4. Als ich aus dem Fenster schaute, sah ich, wie zwei Jungen aus Mr. Kings Garten rannten – mit einer Menge Äpfel in den Taschen.
5. Da ich nie zuvor Schach gespielt hatte, wusste ich nicht, was ich tun sollte.
6. Da mein Vater Nachtschicht hat, sehe ich ihn kaum.

Lösungen Teil H

Working on texts

Übung H 1 S. 152

1. to recall
2. to imagine
3. not any more
4. to start, to found
5. finally, after a long time
6. to end, to complete, to stop

Übung H 2 S. 152

1. I couldn't live with my parents. There was no way for me to live with my parents.
2. The whole thing was a catastrophe, a failure.
3. It troubled me deeply, it worried me to know …

Übung H 3 S. 152

1. to forget
2. clean
3. to be awake
4. boom
5. success
6. to calm someone down
7. easy

Übung H 4 S. 153

1. Who thinks that it cannot happen to us?
2. Who do you remember having heard about?/About whom do you remember having heard?
3. Who/what did you picture?
4. What did your boarding school do/tell you?
5. What did you never think?

Übung H 5 S. 154

1. She thought that only dirty old men who drank a lot could become homeless.
2. At school she did not learn many details about the homeless, only a few things.
3. She ended up in the hands of charity organizations.
4. She went to organizations founded to help people and made up her mind to finish school.
5. She was very touched by what she had experienced and became more understanding.

Wiederholung
1. „Grammatik 2"

Übung I 1
S. 155

1. Are my trousers too bright?
2. The information that (which) I got (received) yesterday was very interesting.
3. The USA is in the middle of an economic crisis.
4. Progress in the field of microelectronics has been spectacular in recent years.
5. I can't find my glasses.

Übung I 2
S. 156

1. I wasn't able to see the programme last night.
2. That is probably my father.
3. You don't have to eat (you needn't eat) everything if you don't want to.
4. He is said (supposed) to be over 30, but he looks younger.
5. I'm not allowed to eat sweets.

Übung I 3
S. 156

1. My uncle George, who is a politician, goes on holiday three times a year.
2. People who drink alcohol shouldn't drive.
3. Barbara didn't pass the exam, which doesn't surprise me.
4. Mr Conners, who had admitted stealing the jewels, was taken away by the police.
5. After two hours Pam managed to find the ring which she had lost in the garden.

Übung I 4
S. 157

1. Where have I left my glasses?
2. We are having new windows put in.
3. Our landlord doesn't (does not) let us keep any pets.
4. His parents make him do the washing-up every day. – He hates it.
5. Leave the dog in peace (alone).

Übung I 5
S. 157

1. My brother was a chess champion when he was young, but he hasn't played for years now.
2. Come on! Frank is here and you haven't even put on your make-up yet.
3. Did you go to the bank this morning? No, but it's all right, I'll go now.
4. I met Bob last week. Do you know he still hasn't passed his driving test?
5. How was the match last week? – I have seen better ones!

Übung I 6
S. 158

1. What were you doing when I called? – I was cutting the grass.
2. I am working as a barmaid in our local pub at the moment. You know, some of the men come in at 5 every day and stay until closing time!
3. My dad works in an office, but he is thinking of trying to find something a bit more interesting.
4. Someone broke in and stole Mrs Taylor's video recorder while she was sitting in the garden.
5. Mr Anderson's two boys are always fighting!

Übung I 7
S. 158

1. Der Zug, der auf Gleis 7 einfährt, (der auf Gleis 7 einfahrende Zug) ist der D-Zug aus London.
2. Der arme Hund dort sieht dumm aus mit seinen Schleifen.
3. Als man ihn fragte (als ich ihn fragte, als wir ihn fragten), ob er sich auf der Party gut amüsiert hätte, nickte Simon nur (ganz einfach) mit dem Kopf.
4. Trevor hob seine Jacke auf, stürmte aus dem Zimmer und sagte, dass er nie wieder zurückkommen würde.
5. Als ich von meinem Schreibtisch aufblickte, merkte ich, dass ich nicht allein im Zimmer war.

2. „Grammatik 1"

Übung I 8
S. 159

1. Nick said that he couldn't understand what Mark was saying.
2. Dave asked what time it was.
3. Helen asked me if I was enjoying the party.
4. Keith asked where mum was and I said she was playing tennis.
5. Neil told me to take my coat off and sit down.

Übung I 9
S. 159f.

1. That girl just can't stop talking.
2. I remember being shocked when Kevin told me he had forgotten to turn off the cooker.
3. Andy suggested taking a taxi.
4. I love swimming, but I'd hate to go for a swim in that river.
5. I'm sorry, I didn't mean to hurt your feelings.

Übung I 10
S. 160

1. Take off your wet socks!
2. I don't know how he can put up with so much stress.
3. Calm down! You'll tear up the whole phone book if you're not careful.
4. He turned down my offer.
5. Write down your phone number for me, and I'll ring you up some time.

Übung I 11
S. 160

1. Although most people like going to the south for a holiday, I prefer going to Switzerland.
2. Lucky Keith! He left school last week and he's found a job already.
3. The people who were injured in the accident have been taken to hospital.
4. What terrible weather.
5. My dad is an electrician, and my mum is a teacher.
6. As a child I didn't have much money. In fact, my parents couldn't even afford to buy me (a pair of) glasses, although my eyesight was terrible.

Übung I 12
S. 161

1. That cake smells good.
2. Brenda did very well in her exam.
3. Mike looks strange with a tie on.
4. Have you seen Chris lately?
5. Mr Boothe looked at us angrily – and we ran away as quickly as we could.